# Le Plus Grand
# SECRET SUR TOI

Ce livre est magnifique, on dirait inspiré.

Freddy GUYINDULA,
Conseiller juridique

Ce livre est très profond et intéressant.

Josué NKAMBUA,
Consultant en stratégie d'implantation

Je vous encourage à lire cet ouvrage car j'ai pu lire dans la personne de son auteur une grande passion et détermination pour l'accomplissement de son rêve.

Marcello J. TUNASI,
Auteur et Orateur international

Ce livre est magnifique, intéressant et très captivant.

Jonathan KAHAMBO,
Directeur général de Dr Overseas

'Le Plus Grand Secret sur Toi' est une ressource précieuse pour toute personne qui désire découvrir sa raison d'être sur Terre.

Esther MONGA,
Editrice à Kingdom Editions

Ce livre est un véritable voyage vers la version de vous dont le monde a besoin.

Tony SIMBI,
PDG de TM Pro Group

La profondeur et la perspicacité qui se dégagent de ce livre sont impressionnantes. C'est un chef-d'œuvre, un "Must-Read Book" (livre à lire à tout prix), un livre plein de sagesse, de réflexions extraordinaires et qui est conçu pour bâtir ses lecteurs. L'auteur y répond aux questions fondamentales de la vie… Ce livre va bouleverser ta vie et la remettre sur les rails. Il t'aidera à arrêter de gaspiller ton temps et ton énergie dans ce qui est futile pour te focaliser sur l'essentiel… Bonne lecture !

Joachim MBELA,
Doctorant à Asbury Theological Seminary
et "Ancien" à l'église de MANGEMBO

# Le Plus Grand
# SECRET SUR TOI

REPONDRE AUX 7 PLUS IMPORTANTES
QUESTIONS DE LA VIE

## ALAN D. NKOY

KINGDOM EDITIONS™

*Le Plus Grand SECRET SUR TOI*

**Copyright © Alan Nkoy, 2016**

ISBN 979-10-95169-00-0



Publié par

**KINGDOM EDITIONS**™
www.kingdomdnaenterprises.com

# Sommaire

Ce livre est dédié:

A l'humanité toute entière – afin que chaque humain
découvre l'immense trésor caché en lui et l'utilise pour
rendre le monde meilleur ;

A la jeunesse Africaine – afin que celle-ci découvre sa vraie
identité, trouve ses marques et joue le rôle de choix qu'elle
a à jouer dans le monde en ces temps de crise globale ;

A toi, qui tiens ce livre entre tes mains maintenant – afin
que par la découverte de l'incommensurable trésor caché
en toi tu deviennes toi-même un trésor pour ta famille,
ton pays, ton continent et le monde.

# Remerciements

**P**our avoir contribué à la réussite de ce projet, j'aimerais dire ce mot bien petit mais chargé d'un grand sentiment de gratitude: MERCI:

Aux nombreux auteurs dont les écrits ont forgé ma personne et inspiré plusieurs principes développés dans ce livre ;

A mon Père, mentor et modèle, JR Nkoy – tu as été la première personne à croire en moi et en ce projet; tes sages conseils, ton implication et ton soutien tant moral, spirituel que financier ont permis sa réalisation ;

A ma mère Perpetue Adikamina et mes frères: Christian, Joëlle, Béni, Christevie, Israël et Gracia – votre soutien m'a été d'un apport inestimable ;

A Joachim Mbela, qui est pour moi un père et un mentor – ton immense soutien, tes sages conseils et tes remarques pertinentes ont contribué à parfaire cette œuvre;

Au maître Freddy Guyindula et au professeur Christophe Lumpungu – vos corrections ont contribué à perfectionner cet ouvrage.

A mes compagnons de route, les "Disciples of Christ"

dont les encouragements ont permis l'achèvement de ce projet ;

A mon éditeur Daril Guyindula – ton immense talent en écriture, ton ingéniosité, ta grande connaissance et ton sens critique très prononcé ont raffiné cet ouvrage ;

A mon éditrice adjointe Esther Monga dont le sens du beau, la maîtrise du domaine de l'édition, le dévouement et le soutien ont contribué à parfaire ce projet ;

A Ray Kalonji, Nestor Kaputo, Precilia Ilunga, Belbiche Nsona, Sarah Kabambi, Christian Cinkola, Marie-Ange Assoa, Aggée Sorongane, Francine Kasongo, Joël Maloba, Chakis Mesa, Solvinia Kazadi, Renate Lumpungu et Stéphanie Kodondi – vous êtes les "héros dans l'ombre" de ce projet ;

A toutes les autres personnes qui ont contribué d'une manière ou d'une autre à la réalisation de cette œuvre.

# Préface

Un objet est précieux pour trois raisons: sa rareté, son inaccessibilité et ses propriétés spéciales.

## Rareté

Si l'or courrait les rues, les ruées vers l'or du 19e siècle n'auraient certainement jamais eu lieu. Et à la place des cailloux habituels, on jouerait à la marelle avec des palets en or. Ce qui est rare est inéluctablement précieux.

Ce livre m'a justement attiré pour sa rareté. A part le fait qu'il est bien et simplement écrit, il traite d'un sujet précieux parce que rare – les secrets.

Dans nos jardins secrets, nous poussons tous des secrets que seuls quelques privilégiés connaissent. Mais détrompez-vous, ce livre n'a pas les mêmes objectifs que les magazines 'People' dans lesquels on met à nu les secrets des stars hollywoodiennes, politiques et j'en passe. Ce n'est d'ailleurs pas ce genre de secret de vie privée qu'il vise. Il vise un secret plus profond: un secret rarescent que l'auteur a justifiablement nommé 'Le Plus Grand Secret sur Toi'.

Il est effectivement rare de nos jours de rencontrer des personnes conscientes de l'immense trésor qu'elles portent au dedans d'elles. Bien que ce livre ne soit pas lui-même le trésor, le grand secret ou encore la fleur rarescente, il reste – grâce au génie de son auteur – un matériel, une précieuse carte vers ce fameux trésor, ce fameux secret, cette fameuse fleur.

## Inaccessibilité

Toute chose qu'on ne peut facilement approcher est vite couverte d'un voile de mystère. Et plus le mystère est grand, plus la chose est précieuse. Plus elle est précieuse, moins elle est accessible; moins elle est accessible, plus grand devient son mystère... plus son mystère s'épaissit, plus sa valeur grandit et ainsi de suite.

Mais parsemé le long de ce livre, tu trouveras des approches pratiques qui te permettront 1) de lever le voile sur ce genre de mystère – en l'occurrence ici le mystère sur le plus grand secret sur toi – et 2) d'ainsi te faciliter l'accès à ce trésor qu'il couvrait. Une fois le voile levé, une fois le mystère dissipé, une fois le secret dévoilé et le trésor trouvé, le cours de ta vie sera merveilleusement chamboulé. Car une vie épanouie vaut mieux que mille vies dans l'ombre.

## Propriétés Spéciales

L'or ne rouille pas dans l'eau. Voilà, outre les nombreuses autres raisons qui existent, pourquoi l'or est un métal si précieux à nos yeux.

Le commun finit par ennuyer au long terme. Le monde

apprécie, "adore presque", les super-héros justement parce qu'ils ont des habilités hors du commun. Ils sont spéciaux.

Et un être humain en connaissance, en possession du plus grand sur sa personne commencera peu à peu à découvrir les qualités, les habilités, les dons, les talents, etc. qui le rendent et le rendront spécial aux yeux du monde.

C'est pour ces trois raisons – pour découvrir: le rarissime trésor enfoui en toi; les méthodes pour l'accéder et l'extraire; et les moyens de l'utiliser – que je recommande ce livre et son auteur.

Daril Guyindula, CEO associé
KINGDOM DNA Enterprises

# Introduction

## Tirer le maximum de ce livre

Un grain, en lui,

Cache un fruit

Plein de capacité.

Les pépins, en eux,

Ont le don précieux

D'être des arbres fruitiers.

Une graine, en elle,

A le potential

D'être une forêt.

Il y a, caché dans tout être humain, un grand trésor. Mais le problème avec les trésors c'est qu'ils ne courent pas les rues. Il faut donc chercher, fouiller, bécher, bref explorer pour les trouver. Et la recherche ou l'exploration passe par des questions. La qualité de ce que l'on trouve dans une exploration quant à elle, dépend de la qualité des questions que l'on  s'y pose.

Ce manuel est une aventure, une exploration, un voyage, une chasse au trésor enfoui en toi. Cette chasse t'aidera à découvrir étape par étape la carte à ton trésor. Chaque étape de cette aventure correspond à l'une des 7 questions fondamentales de la vie à savoir: D'où viens-tu? Pourquoi es-tu sur Terre? Qu'as-tu? Qui es-tu? Comment atteindre ton but? Avec qui? Où vas-tu? Chacune des réponses à ces questions est une pièce du puzzle de la carte à ton trésor. Mises en ensemble, ces réponses constitueront ta carte au trésor – Le Plus Grand Secret sur Toi.

Tu trouveras dans ce livre, un manuel incorporé "Le Plus Grand Secret sur … " que nous coécrirons ensemble à la fin de chaque chapitre. Tu pourras y noter tes trouvailles, tes réponses aux questions posées ainsi que tes réflexions personnelles ; on réfléchit mieux sur papier, dit-on.

La réponse à chacune des 7 questions fondamentales de la vie constitue une pièce du puzzle du 'Plus Grand Secret sur Toi' que tu pourras noter à la fin de chaque partie. Et, à la fin, tu mettras les résumés de ces réponses ensemble pour former – en un ou deux paragraphes – Le Plus Grand Secret sur Toi.

Il sied de noter par ailleurs que ce livre n'est pas à lire aléatoirement mais chapitre après chapitre dans l'ordre de suite. De plus, tout le trésor qu'il cache n'est pleinement révélé qu'à la fin ; je te recommande donc de dévorer savoureusement ce livre jusqu'à sa fin afin d'en tirer tout le bénéfice.

Je t'encourage en outre, à faire cette exploration avec celui ou celle que nous appellerons "ton Ami(e) De Destiné" (ton ADD). Il s'agit de la personne qui t'est le plus proche et qui te connait le mieux. Tu pourrais lui offrir un exemplaire de ce livre et ainsi vous pourrez faire ensemble, pas à pas, ses différentes découvertes. Ce livre se lit mieux à deux.

Alors, prêt pour l'aventure? Tiens bien ma main, celle de ton ADD et faisons ensemble cette exploration, à la recherche des pièces du puzzle du Plus Grand Secret sur Toi !

# PIECE #1

# D'OU VIENS~TU?

# Chapitre 1

# AU COMMENCEMENT

**23** Septembre 1879, Thomas Edison dit: "Que la lumière soit !"[1] Et la première ampoule électrique fut inventée. Ce jour-là, cette merveilleuse invention qui éblouit nos nuits est née entre les mains d'un inventeur, que d'autres appelleraient 'un créateur'. Mais ce créateur a-t-il, lui aussi, un 'Créateur'? Tout le monde s'accorde pour croire qu'il y a certainement un génie derrière l'existence des humains et de tout ce qui les entourent — même quand ce génie serait le pur hasard.

Mais penser que les humains et tout ce qui les entoure sont le résultat d'un concours fortuit des circonstances relève d'une grande absurdité. La structure, l'ordre, la cadence, l'harmonie, la beauté, l'intelligence dans tout ce qui existe surpasse infiniment la science de la chance.

Prenons-nous pour exemple.

L'homme est doté d'un organisme constitué de près de 50000 milliards de cellules ayant chacune une fonction. Les

---

1  Il s'agit ici des mots imaginés pour traduire son action en paroles; il ne s'agit en rien des mots employés par Thomas Edison.

cellules, à leur tour, forment par assemblage des tissus ayant chacun une fonction. Ces tissus, quant à eux, forment par assemblage des organes, qui, par regroupement constituent des appareils rendant possible le fonctionnement harmonieux et la survie du corps.

Présenté de manière aussi brève, tout cela peut paraître assez simple. Mais s'il faut aller dans les  détails du fonctionnement des cellules même, je pense que le monde entier ne suffirait pas pour contenir tous les livres qu'il faudrait écrire à ce sujet.

Et encore, tiens par exemple, savais-tu que les cellules se reproduisent sans cesse? De ce fait, en principe, nous devrions, à un moment donné, avoir un nombre excessif de cellules. Mais, miracle ! En se reproduisant, les cellules se divisent et meurent de sorte à garder le même nombre de cellules dans l'organisme. En fait, à un certain moment, la cellule reçoit un signal de son environnement qui lui ordonne de mourir. Quand ce signal arrive, la cellule lance un programme d'autodestruction appelé 'apoptose'. Ce programme contenu dans les gènes de la cellule est nécessaire à la survie de l'Homme. C'est grâce à lui que l'équilibre du nombre de cellules de l'Homme reste constant.

Ce fait pris comme exemple et les autres études scientifiques sur l'Homme tendent à prouver que rien dans sa structure n'a été laissé au hasard.[2] Il est donc inconcevable

---

2 Denton, Michael. Destinée de la Nature [Traduit de l'anglais: Nature's destiny]. New York, Free Press, 1998.

de penser qu'il soit le fruit du hasard. S'il nous paraît absurde de penser qu'une invention aussi sophistiquée que la voiture, par exemple, soit le fruit d'un accident de la nature, il est encore plus déraisonnable de penser ainsi de l'homme.

Arrivé à ce niveau, il faut beaucoup plus de foi pour croire que l'homme est le produit du hasard qu'il en faut pour croire qu'il est le fruit d'un génie Créateur. Voltaire (1694 - 1778) – le célèbre écrivain français – qui était considéré comme un athée, a dit: "...C'est complètement évident pour moi qu'il existe un être suprême, nécessaire, éternel et intelligent. Ce n'est pas une question de foi, mais de raison".[3]

Je pense que les hommes les plus croyants au monde sont les athées, car il faut plus de foi pour croire à l'inexistence d'un Dieu Créateur qu'il en faut pour croire à son existence. En fait, l'existence d'un Dieu Créateur est on ne peut plus évidente.

Tu n'es pas le fruit du hasard, moins encore celui d'un incident de la nature, mais bien celui *d'un génie Créateur*. Tu es un chef-d'œuvre du Créateur de l'univers, **Dieu**. Il ne s'est pas seulement contenté de te créer, mais Il a aussi pris soin de créer pour toi un cadre où vivre. Les

> *Tu n'es pas le fruit du hasard, moins encore celui d'un incident de la nature, mais bien celui d'un génie Créateur.*

---

3 Voltaire. Les travaux de Voltaire [Traduit de l'anglais: The Works of Voltaire], Vol. 4. New York: E.R. DuMont, 1901.

études scientifiques vont dans le sens de prouver que la Terre, dans ses diverses spécifications, a été faite pour rendre la vie humaine possible.[4] Celui qui t'a créé s'est aussi assuré de former pour toi un cadre propice à ta survie.

Plusieurs penseurs affirment que l'homme a été créé, mais pas prédéfini. Il doit donc se définir lui-même et donner le sens qu'il veut à sa vie, pensent-ils.

Mais cela est une grande contradiction, car une création ne peut se définir elle-même. Une création est toujours définie par son créateur. Une invention ne peut se définir elle-même, c'est son inventeur qui définit et établit son sens profond et ce à quoi elle servira. Il en est ainsi de toi, une invention de Dieu.

Tu ne t'es pas créé toi-même, tu n'as pas choisi d'exister. Ainsi, tu n'as pas à choisir pourquoi tu existes. Tu n'as qu'à *découvrir* ce que ton Créateur, Dieu, avait en tête en te créant et en t'envoyant sur Terre. Le but de ta vie avait été prédéfini bien avant que tu ne sois né. En fait, *c'est même ce but qui a motivé ta création.* Tu n'as donc pas besoin de t'inventer une raison d'être ; elle existe déjà. Tu as juste besoin de la découvrir.

> **Une invention ne peut se définir elle-même, c'est son inventeur qui définit et établit son sens profond et ce à quoi elle servira.**

Voici ce que dit celui qui t'a créé: " *Avant de te former*

---

4   Denton, Michael. Destinée de la Nature [Traduit de l'anglais: Nature's destiny]. New York, Free Press, 1998.

*dans le ventre de ta mère, je te connaissais, et avant que tu naisses, je t'avais consacré, je t'avais désigné [pour être]* ... (c'est là le secret que tu auras à découvrir à travers les pages de ce livre) "[5]

Je suis sûr qu'à ce niveau précis de la lecture, tu as hâte de découvrir ce fameux **secret** sur toi. Eh bien, figure-toi que le premier pas vers la découverte de ce secret, c'est *une rencontre avec ton Créateur*. Alors, tiens bien ma main, et faisons ensemble ce premier grand pas... à la découverte de ton Créateur !

---

5 Jérémie 1:5 S21 (crochets et parenthèses de l'auteur)

# *Le Plus Grand Secret Sur...*

______________________________ (Mets ton nom)

**Question à me poser:** A travers ce chapitre qu'ai-je appris sur mon origine?

**Ma réponse:** *J'ai été intentionnellement créé par Dieu. Dieu est mon origine et je ne suis donc pas le fruit d'un hasard.*

**Ta réponse:** (Ecris avec tes propres mots ta réponse à la question posée ci-haut)

______________________________________________

______________________________________________

____________________________________________.

Si tu as convenablement répondu à cette question, Félicitations ! Tu viens de faire ta première trouvaille à la quête du Plus Grand Secret sur Toi. Garde-la jalousement.

Alors, prêt pour la prochaine étape de notre exploration? Allons-y !

# Chapitre 2

# A LA DÉCOUVERTE DE TON CRÉATEUR

*Imagine* que je te montre une toute nouvelle invention très complexe que personne n'a jamais vue. Le seul moyen pour toi de découvrir ce qu'est vraiment cette invention, son but, ce qu'elle a, ce dont elle est réellement capable et comment bien l'utiliser, sera de recourir à son inventeur ou à son manuel d'utilisation. Tout autre moyen ne te conduira qu'à des suppositions imprécises. A travers les lignes de ce chapitre, nous allons entrer en contact avec le Créateur et son manuel d'utilisation pour ses créatures, que toi et moi sommes.

Voici ce que le Créateur te dit dans le manuel, le livre le plus vendu au monde. [6]

*"Ainsi parle l'Éternel, qui t'a fait, Et qui t'a formé dès ta naissance, Celui qui est ton soutien..."* [7]

---

6  Edilivre. Les dix livres les plus vendus au monde [ en ligne ]. http://www.edilivre.com/communaute/2013/12/09/les-dix-livres-les-plus-vendus-au-monde/#.Vr3_Kvl97IU. (12-2-2016)

7  Esaïe 44:2a

Tu as été créé par Dieu. Tu es son chef-d'œuvre, un poème qu'il a écrit de ses propres mains. Tu es comme un tableau peint par un fin peintre qui a fait attention aux moindres détails et n'a laissé rien au hasard. Il a délibérément choisi la couleur de ta peau, ta taille, la couleur de tes yeux, de tes cheveux, les circonstances et le lieu de ta naissance ainsi que tes parents.

> **Tu as été créé par Dieu. Tu es son chef-d'œuvre, un poème qu'Il a écrit de ses propres mains.**

Ce ne sont pas tes parents qui ont décidé de ton existence ; *c'est Dieu.* Tes parents sont des instruments dont il s'est servi pour t'avoir sur Terre. Peu importe ce que sont tes parents, peu importe s'ils sont bons ou mauvais, peu importe s'ils t'aiment ou pas, peu importe s'ils ont voulu de toi ou pas du moment qu'ils ont réussi leur mission, celle de t'emmener sur Terre ; cela te suffit pleinement. C'est Dieu qui a choisi ces deux personnes pour être tes géniteurs sur base du fait qu'elles possédaient les gènes exacts dont la combinaison formerait parfaitement la créature unique que tu es.

David – l'un des grands leaders que le monde ait connu – l'ayant compris, a déclaré (ses paroles sont rapportées dans le manuel de la création, la Bible):

*C'est toi qui as formé mes reins, qui m'as tissé dans le sein de ma mère. Je te loue de ce que je suis une créature si merveilleuse. Tes oeuvres sont admirables, et mon âme le reconnaît bien. Mon corps n'était point caché devant toi, lorsque j'ai été fait dans un lieu secret, tissé dans les profondeurs de la terre. Quand je n'étais qu'une masse informe, tes yeux me voyaient; et sur ton livre étaient tous inscrits les jours qui m'étaient destinés, avant qu'aucun d'eux existât."* (Psaumes139:13-16). N'est-ce pas merveilleux?

Quant au Créateur, voici comment le manuel le présente: "...*Dieu est amour*" (Première épître de Jean 4:8). Remarque, il n'est pas dit: "Dieu a de l'amour", mais plutôt "Dieu *est* amour". L'amour est l'essence même de Dieu. Tout ce qu'il fait est empreint d'amour. Il t'a créé *par amour et pour l'amour*. Tu es l'expression de son amour parfait. Il te dit: "...*Je t'aime d'un amour éternel...*" (Jérémie 31:3) et "...*toi que j'ai pris à ma charge dès ton origine, que j'ai porté dès ta naissance ! Jusqu'à ta vieillesse je serai le même, Jusqu'à ta vieillesse je te soutiendrai; Je l'ai fait, et je veux encore te porter, te soutenir et te sauver*" (Ésaïe 46:3-4 , 'vous' est remplacé ici par 'tu').

> **L'amour est l'essence même de Dieu. Tout ce qu'Il fait est empreint d'amour. Il t'a créé par amour et pour l'amour. Tu es l'expression de son amour parfait.**

Son amour ne se manifeste pas seulement en ce qu'il t'a créé mais encore en ce qu'il te soutient, te garde, te protège et prend soin de toi malgré tes fautes et ton indifférence à son égard.

La plus grande expression de cet amour envers toi se

trouve en ce que, par son fils unique ***Jésus-Christ***, il s'est donné lui-même pour te sauver de tes fautes et te ramener à lui.

*"Car Dieu a tant aimé le monde qu'il a donné son Fils unique, afin que quiconque croit en lui ne périsse point, mais qu'il ait la vie éternelle"* (Bonne Nouvelle selon Jean 3:16). Et *"...Mais Dieu prouve son amour envers nous, en ce que, lorsque nous étions encore des pécheurs, Christ est mort pour nous"* (Lettre aux Romains 5:8).

Prends un instant pour réaliser ceci. Dieu, le Créateur de tout l'univers, par Jésus-Christ, a pris la forme humaine, a vécu comme toi et moi, est mort esseulé, abandonné de tous (même de ses plus proches disciples qu'il appelait "ses amis"), insulté, moqué, raillé, battu atrocement, cloué et pendu comme un vulgaire voleur sur une croix à la vue de tous. Et tout cela, juste parce qu'il voulait porter tes fautes et te réconcilier d'avec lui. Il a préféré mourir plutôt que de vivre sans toi. Et toi? Ne veux-tu pas arrêter de vivre sans lui?

Où que tu sois, je t'inviterais à interrompre toute activité pour un moment, à considérer sérieusement cet amour, cette main tendue de Dieu pour te sauver et à y répondre.

Un jour, à la lecture d'un livre comme celui-ci, j'ai répondu favorablement à cet amour et ma vie en a été profondément affectée. Aujourd'hui, lorsque je regarde en arrière, je peux affirmer sans l'ombre d'un doute que ce fut la meilleure décision que j'aie prise de toute ma vie.

Comprends-moi bien ! Ceci n'est pas un appel à joindre une religion, mais plutôt à commencer *une relation* – relation avec ton Créateur. Tu appartiens peut-être à une religion, mais entretiens-tu vraiment une relation avec ton Créateur? Tu peux commencer cette relation aujourd'hui en disant, comme moi ce jour-là, ***oui'*** à l'amour de Jésus par cette prière qui changera positivement le reste de ta vie.

"***Dieu, mon Créateur, je te dis merci pour le don de ton fils Jésus qui était mort à la croix et qui est ressuscité pour moi. Pardonne mes fautes. Je renonce à mes péchés. Je dis oui à ton pardon, à ta paix, à ton salut, à ton amour et à ta vie en moi. Je reçois Jésus dans mon cœur comme mon Sauveur et mon Seigneur personnels... Au nom de Jésus ! Amen !***"

Si tu as sincèrement fait cette prière, félicitations ! Tu viens de poser l'acte le plus important et le plus sage de toute ton existence. Apprête-toi à vivre les meilleures années de ta vie. Tu es sauvé ! Dieu habite désormais en toi par son Esprit.

Ecris-moi aux contacts mentionnés à la fin et je me ferai un plaisir de t'aider dans les prochains pas de ta nouvelle vie.

# *Le Plus Grand Secret Sur...*

**Question à me poser:** A travers ce chapitre qu'ai-je appris sur mon Créateur?

**Ma réponse:** *Dieu, mon Créateur, m'a créé par amour parce qu'il est amour. Il était mort et ressuscité pour me sauver et me réconcilier avec lui par Jésus-Christ.*

**Ta réponse:** (Ecris avec tes propres mots ta réponse à la question posée ci-haut)

___________________________________________

_________________________________________.


Si tu as convenablement répondu à cette question, Félicitations ! Tu viens de faire ta deuxième trouvaille et certainement l'une des plus importantes.

Il y a bien plus…

# Chapitre 3

# UNE QUESTION DE SOURCE

*L*aisse-moi t'énoncer quatre principes importants qui ont régi la création des êtres vivants.

Premièrement: ***Tout ce à quoi ou à qui Dieu s'est adressé pour créer un être est automatiquement devenu la source de cet être.***

Deuxièmement: ***La source d'un être est aussi son atmosphère de survie hors de laquelle l'être meurt.***

Troisièmement: ***Pour déplacer un être de sa source, tout en le gardant en vie, il faut obligatoirement le déplacer avec une portion de ladite source.***

Quatrièmement: ***La source d'un être est aussi sa destination finale.***

Nous verrons les trois premiers principes dans ce chapitre et le dernier principe au chapitre 15.

A nos principes !

**I.** "*Puis Dieu dit: Que la terre produise de la verdure, de l'herbe portant de la semence, des arbres fruitiers donnant du fruit selon leur espèce et ayant en eux leur semence sur la terre. Et cela fut* *ainsi. La terre produisit de la verdure, de l'herbe portant de la semence selon son espèce, et des arbres donnant du fruit et ayant en eux leur semence selon leur espèce. Dieu vit que cela était bon*" (Genèse 1:11-12).

- Source: la terre (le sol)

- Produits: la verdure, l'herbe, les arbres fruitiers

## Application des principes

**1er Principe**: Dieu s'est donc adressé à la terre (le sol) qui est automatiquement devenue la source de toute verdure, de toute herbe et de tout arbre.

**2ème Principe**: Toute verdure, toute herbe et tout arbre fruitier déracinés de la terre (du sol) sécheront et mourront. Pourquoi? Parce qu'ils auront ainsi quitté leur source qui est aussi leur atmosphère de survie, le sol.

**3ème Principe**: Si l'on veut déplacer de la terre une herbe, de la verdure ou une plante, tout en les gardant en vie, on le fait toujours avec une portion de la terre (du sol). C'est le cas avec les pots de fleur par exemple.

**II.** "*Dieu dit: Que les eaux produisent en abondance des animaux vivants... Dieu créa les grands poissons et tous les animaux vivants qui se meuvent, et que les eaux produisirent en abondance selon leur espèce...Dieu vit que cela était bon*" (Genèse 1:20-21).

-Source: les eaux

-Produits: poissons et autres animaux marins

Je te laisse le privilège d'appliquer les trois principes à ce cas-ci.

**III.** " *Dieu dit: Que la terre produise des animaux vivants selon leur espèce, du bétail, des reptiles et des animaux terrestres, selon leur espèce. Et cela fut ainsi. Dieu fit les animaux de la terre selon leur espèce, le bétail selon son espèce, et tous les reptiles de la terre selon leur espèce. Dieu vit que cela était bon"* (Genèse 1:24-25).

-Source: La terre

-Produits: bétail, reptiles terrestres et autres animaux terrestres

Prends un animal terrestre tel que le chat par exemple, mets-le dans la mer et observe le résultat au bout de quelques heures.

Nous voyons ces principes être quelque peu perpétrés dans la création des choses par les humains. Tu verras, par exemple, dans les manuels des produits humains des consignes telles que: "à conserver sous une température inférieure à 50°C", "à conserver dans une atmosphère humide", " à conserver dans une atmosphère sèche", "à ne pas exposer au soleil", etc. Cela veut simplement dire qu'à cause de sa composition, qui est toujours fonction de son but, le produit a été fait dans une certaine atmosphère dans laquelle il faut la conserver pour éviter sa destruction.

Venons-en maintenant à l'homme.

Devine à qui Dieu s'est adressé lorsqu'il voulait créer l'homme.

*"Puis Dieu dit: **Faisons** l'homme à notre image, selon notre ressemblance, et qu'il domine sur les poissons de la mer, sur les oiseaux du ciel, sur le bétail, sur toute la terre, et sur tous les reptiles qui rampent sur la terre. Dieu créa l'homme à son image, il le créa à l'image de Dieu, il créa l'homme et la femme"* (Genèse1:26-27). Il s'est adressé à **lui-même.**

Faisons maintenant le même exercice que précédemment avec les autres créatures.

-Source: Dieu

-Produit: L'Homme (homme et femme)

Tu as donc compris que c'est Dieu ta source. La source de tout être étant aussi son atmosphère de survie, l'Homme ne peut donc survivre qu'en demeurant constamment attaché à Dieu.

> **L'Homme ne peut survivre qu'en demeurant constamment attaché à Dieu.**

Un problème se pose alors ici: Dieu vit aux cieux, mais il avait une mission pour l'Homme sur la Terre. Il avait dit: *"...Faisons l'homme à notre image, selon notre ressemblance, et qu'il domine sur les poissons de la mer, sur les oiseaux du ciel, sur le bétail, sur toute la terre, et sur tous les reptiles qui rampent sur la terre"* (Genèse 1:26). Il voulait que l'Homme soit son image, son représentant, qu'il domine et gère la terre ainsi que toute la création.

Dieu ne peut donc pas garder l'Homme en lui et avec lui ; il doit l'envoyer sur la Terre. À cause de la mission qu'il avait pour lui, Dieu doit se séparer de l'Homme. Mais alors, l'Homme ne pourrait survivre puisqu'il serait ainsi séparé de sa source. Dieu se trouva alors face à un dilemme. Arrête-toi un moment de lire et mets-toi à la place de Dieu. Que ferais-tu?

Eurêka ! Le troisième principe de la création des êtres vivants ! L'as-tu déjà oublié? Pas de panique !

***Pour déplacer un être de sa source, tout en le gardant en vie, il faut obligatoirement le déplacer avec une portion de ladite source.*** C'est ce même principe qui est utilisé lorsqu'on veut emmener les poissons et les pots de fleur dans nos maisons.

Mais qu'est-ce-que Dieu a fait concrètement?

*Puis l'Éternel Dieu planta un jardin en Éden, du côté de l'orient, et il y mit l'homme qu'il avait formé"* (Genèse 2:8).

L'Eternel n'était pas présent de manière permanente dans le jardin, mais il y allait souvent pour y rencontrer l'Homme. C'était une portion de la source pour garder l'Homme en vie. C'était comme un aquarium de la présence de Dieu.

Dans ce contexte, il dit à l'Homme: "...*Tu pourras manger de tous les arbres du jardin; mais tu ne mangeras pas de l'arbre de la connaissance du bien et du mal, car le jour où tu en mangeras, tu mourras*" (Genèse 2:16-17). Pourquoi mourrait-il? Justement, comme un poisson hors des eaux, l'Homme chassé du jardin à cause de sa désobéissance, ne peut que mourir. Et c'est malheureusement ce qui s'est produit.

S'en suivirent des années de décadence pour l'Homme. Ce poisson hors de son élément se débattait pour survivre et ce, jusqu' à ce que...la mer se décide de venir à son secours. Oui ! La source de l'Homme, Dieu, est venue sur Terre par Jésus. Il a pris la mort de la vie de l'Homme et lui a donné sa vie par sa mort sur la croix. Bien plus encore, Jésus est revenu à la vie et habite désormais en permanence dans les cœurs de ceux qui croient en lui, par son Esprit. Non ! Cette fois-ci, ce n'est plus l'aquarium de sa présence, mais la mer dans son entièreté.

> *Entretenir une relation d'amour avec Dieu n'est pas notre but, mais notre mode de vie.*

Nous sommes pleinement reconnectés à notre source. Nous jouissons désormais d'une communion parfaite avec Dieu. Ce n'est plus comme dans le jardin où Dieu venait et partait. Maintenant, il vit en permanence en nous, et nous en lui. N'est-ce pas merveilleux?

Il y a ici une chose cruciale à comprendre: entretenir une relation d'amour avec Dieu n'est pas notre but, mais notre mode de vie. Ce n'est pas un but qu'on peut atteindre et mettre ensuite de côté; c'est notre respiration, notre atmosphère de survie, c'est toute notre vie.

## *Le Plus Grand Secret Sur...*

*Joyau à retenir*: "*Dieu créa l'homme à son image, il le créa à l'image de Dieu, il créa l'homme et la femme.*" (Genèse 1:27)

*Question à me poser*: A travers ce chapitre qu'ai-je appris sur la source? Quelles en sont les implications pour ma vie ?

*Ma réponse*: *La source d'un être est aussi son atmosphère de survie hors de laquelle l'être meurt. Dieu est ma source ; je ne peux vivre en dehors de lui.*

*Ta réponse*: (Ecris avec tes propres mots ta réponse à la question posée ci-haut)

_______________________________________________

_______________________________________________

_______________________________________________

_____________________________________________.

Félicitations ! Nous venons de trouver la troisième perle dans notre exploration. Allons plus loin !

# Chapitre 4

# A LA RENCONTRE DE TON CRÉATEUR!

*Ta relation avec Dieu, c'est toute ta vie.*

Nous avons été créés pour être en relation personnelle, intime, continuelle et réelle avec Dieu. Nous pouvons voir cela avec Adam et Eve, les premières créatures. Dans le jardin d'Eden, Dieu dialoguait régulièrement avec eux (Genèse 2 et 3).Malheureusement, ils ont péché et ont été chassés du jardin. La relation parfaite du jardin a été brisée. Ils ont été donc séparés de Dieu et par ricochet, toute la créature humaine issue d'eux. Malgré cela, Dieu n'a pas cessé de chercher à entretenir des relations d'amour avec ses créatures. Il l'a fait avec quelques hommes: Abraham, Moïse, David, etc. Et dans sa longue quête pour rétablir cette relation parfaite avec toute sa créature, Dieu a pris une forme humaine, est venu sur la Terre, est mort et ressuscité pour effacer nos fautes (qui nous séparaient de lui) et ainsi nous réconcilier d'avec lui. Paul écrit: " *Et tout cela vient de Dieu, qui nous a réconciliés avec lui par Christ, et qui nous a donné le ministère de la réconciliation. Car Dieu était en Christ, réconciliant le monde avec lui-même..."* (2 Corinthiens 5:18-19).

Laisse-moi être on ne peut plus clair: ta relation avec Dieu lui a coûté **sa vie !** En cela, Dieu a prouvé que ta relation avec lui est la chose qui a le plus de valeur à ses yeux. Elle doit l'être aussi aux tiens.

> **Ta relation avec Dieu lui a coûté sa vie.**

Tu n'as aucune idée de combien Dieu t'aime et de la passion qui l'anime pour toi. Ressens la grandeur de cet amour dans ces paroles de Paul.

*"Que dirons-nous donc à l'égard de ces choses? Si Dieu est pour nous, qui sera contre nous? Lui, qui n'a point épargné son propre Fils, mais qui l'a livré pour nous tous, comment ne nous donnera-t-il pas aussi toutes choses avec lui? Qui accusera les élus de Dieu? C'est Dieu qui justifie ! Qui les condamnera? Christ est mort; bien plus, il est ressuscité, il est à la droite de Dieu, et il intercède pour nous ! Qui nous séparera de l'amour de Christ? Sera-ce la tribulation, ou l'angoisse, ou la persécution, ou la faim, ou la nudité, ou le péril, ou l'épée?*

*Mais dans toutes ces choses nous sommes plus que vainqueurs par celui qui nous a aimés. Car j'ai l'assurance que ni la mort ni la vie, ni les anges ni les dominations, ni les choses présentes ni les choses à venir, ni les puissances, ni la hauteur, ni la profondeur, ni aucune autre créature ne pourra nous séparer de l'amour de Dieu manifesté en Jésus Christ notre Seigneur"* (Romains 8:31-35, 37-39).

Quel amour ! Aucun cerveau humain ne pourra jamais imaginer, comprendre, ni expliquer un amour si profond ; il se vit mieux que ne se raconte.

La réponse naturelle à un tel amour ne peut être que de l'amour en retour. L'apôtre Jean écrit: *"Pour nous, nous l'aimons, parce qu'il nous a aimés le premier"* (1 Jean 4:19). Dieu désire que tu puisses l'aimer en retour. Il dit: *"...Tu aimeras le Seigneur, ton Dieu, de tout ton cœur, de toute ton âme et de toute ta pensée. C'est le premier et le plus grand commandement"* (Matthieu 22:37-38 BDS).

Dieu désire ton amour non pas parce qu'il en a besoin, mais bien *parce que tu en as besoin*.

L'homme n'a pas qu'un besoin de recevoir de l'amour, mais aussi celui d'en donner. Et cela, parce qu'il a été créé par Dieu pour être aimé de lui et pour l'aimer en retour et rien – absolument rien – ne pourra remplacer cela. Le besoin d'amour (reçu et donné) que chaque être humain ressent, ne peut être parfaitement comblé que par l'amour parfait de Dieu. Le célèbre philosophe et physicien français Blaise Pascal a dit: "Il y a dans le cœur de

> *Le besoin d'amour que chaque être humain ressent, ne peut être comblé parfaitement que par l'amour parfait de Dieu.*

chaque homme un vide en forme de Dieu, et nul autre que Lui ne peut le combler".

Imagine que tu sors un poisson de l'eau. Que lui arrivera-t-il? Bien évidemment, au bout d'un court moment, il mourra. Pourquoi? Parce qu'il aura été sorti de l'environnement pour lequel il a été fait. Et qu'est-ce qui arrivera à l'eau de laquelle le poisson aura été sorti? Rien ! Tu es comme ce poisson et Dieu est comme cette eau.

Tu as été créé pour vivre dans l'environnement et le contexte d'une relation d'amour avec Dieu. Sans cela, tu n'expérimenteras jamais le sentiment d'accomplissement et de satisfaction totale.

Dans le chapitre suivant, nous verrons plus pratiquement comment vivre, expérimenter et exprimer cet amour.

# *Le Plus Grand Secret Sur...*

**Joyau à retenir:** ""*Pour nous, nous l'aimons, parce qu'il nous a aimés le premier*" (1 Jean 4:19)

**Question à me poser:** A travers ce chapitre qu'ai-je appris sur la valeur de ma relation avec Dieu? Et quelles en sont les implications?

**Ma réponse:** *Ma relation avec Dieu est la chose la plus importante à ses yeux. Elle doit l'être aussi aux miens.*

**Ta réponse:**

__________________________________________

__________________________________________

__________________________________________

__________________________________________

__________________________________________.

# Chapitre 5

# CONNAITRE TON CRÉATEUR

*Le temps* est l'élément clé de toute relation. Ton temps, c'est ta vie ; ta vie est l'ensemble de ton temps. *Accorder ton temps à quelqu'un, c'est lui donner une partie de ta vie.* Si tu veux connaître l'importance que tu accordes à une personne ainsi que le degré d'amour que tu as envers elle, regarde au temps que tu lui accordes. Mais en amont, pour développer ton amour pour une personne, tu dois passer plus de temps avec elle.

Imagine que tu fasses une nouvelle connaissance. Tu conviendras avec moi que tu ne pourras pas vraiment l'aimer tant que tu ne la connais pas et tu ne la connaîtras pas vraiment, tant que tu n'auras pas passé du temps avec elle. C'est pareil avec Dieu.

Pour vraiment aimer Dieu, tu dois le connaître et pour le connaître, tu dois passer du temps avec lui. Tu dois passer du temps à dialoguer avec lui. C'est ce que l'on appelle : *la prière*.

La prière n'est rien d'autre qu'un *dialogue entre Dieu*

> *La prière est une conversation naturelle que tout enfant de Dieu peut avoir avec son Père céleste.*

et l'Homme. Note bien le mot: 'dialogue'. Ce mot signifie *communication à double sens.* Il ne s'agit donc pas de toi, étalant ta longue liste de requêtes à Dieu uniquement, il s'agit aussi et surtout de prêter attention à ce que Dieu te dit. Ainsi définie, tu comprendras donc que la prière n'est pas une activité "mystique" réservée à une catégorie de personnes "hautement spirituelles", mais une conversation naturelle que tout enfant de Dieu peut avoir avec son Père céleste.

Venons-en maintenant à la nature de cette conversation. Tout d'abord, voyons ensemble les différentes facettes de la personnalité de Dieu. A travers les pages de la Bible, Dieu se présente comme:

- **Notre Père**: "*Que Dieu lui-même, notre Père...*" (1 Thessaloniciens 3:11)

- **Notre frère et notre ami par Jésus-Christ**: " *...afin que celui-ci [Jésus] soit l'aîné de nombreux frères [que nous sommes].*" (Romains 8:29 BDS ; *crochets ajoutés*) et " [Jésus dit:] *Je ne vous appelle plus serviteurs...je vous ai appelés amis, parce que je vous ai fait connaître tout ce que j'ai appris de mon Père.*" (Jean 15:15; *crochets ajoutés*)

- **Une partie de nous par son Esprit:** "*...le Saint Esprit* [...] *habite en nous*" (2 Timothée 1:14).

Suivant ces trois facettes de notre relation avec Dieu, nous devons donc nous adresser à lui *respectueusement* (Père), *sincèrement* (ami et frère) et *continuellement* (une partie de nous). Voyons donc cela.

## Avec respect...

Dieu étant notre Père, nous devons prendre soin de nous adresser à lui avec égard, respect et honneur.

## En toute sincérité...

Dieu, par Jésus, se présente comme notre ami et frère. Nous pouvons donc nous adresser à lui en toute sincérité comme à un ami et à un frère (pas avec des phrases toutes faites que nous pensons devoir dire).

Il n'y a pas une manière conventionnelle pour s'adresser à Dieu. Exprime-lui simplement ce qu'il y a dans ton cœur de la manière la plus sincère et naturelle qui soit. Parle-lui honnêtement de tes fautes, de tes faiblesses, de tes peurs, de tes déceptions, de ton ressentiment - même vis-à-vis de lui. Il permet et aime cela. Laisse-moi te donner quelques exemples de comment ceux que Dieu considérait comme ses amis s'exprimaient devant lui en toute sincérité.

> *Il n'y a pas une manière conventionnelle pour s'adresser à Dieu.*

*De ma voix je crie à l'Éternel, de ma voix j'implore l'Éternel. Je répands ma plainte devant lui, Je lui raconte ma détresse."*
**David** (Psaumes 142:2-3)

"*Voici, nous avons tout quitté, et nous t'avons suivi; qu'en sera-t-il pour nous?*" **Pierre** (Matthieu 19:27)

"*Voici, tu me dis: Fais monter ce peuple ! Et tu ne me fais pas connaître qui tu enverras avec moi. Cependant, tu as dit: Je te connais par ton nom, et tu as trouvé grâce à mes yeux. Maintenant, si j'ai trouvé grâce à tes yeux, fais-moi connaître tes voies; alors je te connaîtrai, et je trouverai encore grâce à tes yeux. Considère que cette nation est ton peuple. L'Éternel répondit: Je marcherai moi-même avec toi, et je te donnerai du repos. Moïse lui dit: Si tu ne marches pas toi-même avec nous, ne nous fais point partir d'ici. Comment sera-t-il donc certain que j'ai trouvé grâce à tes yeux, moi et ton peuple? Ne sera-ce pas quand tu marcheras avec nous, et quand nous serons distingués, moi et ton peuple, de tous les peuples qui sont sur la face de la terre? L'Éternel dit à Moïse: Je ferai ce que tu me demandes, car tu as trouvé grâce à mes yeux, et je te connais par ton nom.»*" **Moise** (Exode 33:12-17)

"*Tu m'as persuadé, Éternel, et je me suis laissé persuader; Tu m'as saisi, tu m'as vaincu. Et je suis chaque jour un objet de raillerie, tout le monde se moque de moi. Car toutes les fois que je parle, il faut que je crie, Que je crie à la violence et à l'oppression ! Et la parole de l'Éternel est pour moi un sujet d'opprobre et de risée chaque jour. Si je dis: Je ne ferai plus mention de lui, Je ne parlerai plus en son nom, Il y a dans mon coeur comme un feu dévorant qui est renfermé dans mes os. Je m'efforce de le contenir, et je ne le puis."* Jérémie (Jérémie 20:7-9)

*"C'est pourquoi je ne retiendrai point ma bouche, je parlerai dans l'angoisse de mon coeur, je me plaindrai dans l'amertume de mon âme. Suis-je une mer, ou un monstre marin, pour que tu établisses des gardes autour de moi? Quand je dis: Mon lit me soulagera, ma couche calmera mes douleurs, c'est alors que tu m'effraies par des songes, que tu m'épouvantes par des visions. Ah ! je voudrais être étranglé ! Je voudrais la mort plutôt que ces os ! Je les méprise !... je ne vivrai pas toujours... Laisse-moi, car ma vie n'est qu'un souffle."* **Job** (Job 7:11-16)

Ne te semblent-ils pas être un chouillat trop sincère? Cela peut paraître osé, je te l'accorde, mais Dieu le permet.

Vas-y ! Sois sincère envers Dieu à ton tour. Dis-lui ce qu'il y a réellement dans ton cœur, défoule-toi et décharge-toi sur lui des lourds fardeaux que ton cœur a longtemps portés. Il est aussi ton ami.

> *Jésus ne nous montre pas le chemin, il est le chemin; il ne nous dit pas la vérité, il est lui-même la vérité; il ne nous donne pas la vie, il est la vie.*

## En permanence...

Dieu étant désormais une partie de nous par son Esprit Saint qui habite en nous, nous pouvons et devons nous adresser à lui continuellement. C'est la raison pour laquelle Jésus dit: " ...Je suis le chemin, la vérité, et la vie..." (Jean 14:6). Jésus ne nous montre pas le chemin, il est le chemin; Il ne nous dit pas la vérité, il *est* lui-même la vérité; il ne nous donne pas la vie, il *est* la vie. Par cela, il a voulu nous dire: "Vous voulez connaître le chemin, la vérité et avoir la vie? Entretenez une relation et une *communion permanente* avec moi". Aussi longtemps que tu seras étroitement attaché à lui, tu connaîtras le chemin, la vérité et auras la vie.

Il est impératif en tant qu'enfant de Dieu d'avoir un moment de prière personnel, fixe et quotidien. Mais notre vie de prière ne doit pas être limitée à cela. Le Saint-Esprit est avec nous partout où nous allons, nous ne devons donc pas être indifférent à sa présence et ne lui parler qu'une fois de toute la journée. Il est écrit: "Priez sans cesse" (1 Thessaloniciens 5:17). Nous devons donc continuellement adresser au Saint-Esprit de courtes phrases, lui poser des questions, l'intéresser à tout ce que nous faisons, bref créer des brèves interactions avec lui tout au long de la journée. L'ayant expérimenté, je peux t'assurer que tu passeras des moments très intéressants avec lui, surtout lorsqu'il parle. Oui ! Dieu parle.

# Le Plus Grand Secret Sur...

**Joyau à garder:** *"Priez sans cesse"* (1 Thessaloniciens 5:17)

**Question à me poser:** Quelles sont les différentes facettes de ma relation avec Dieu? Et quelles en sont les implications?

**Ma réponse:** *Dieu est mon Père, il est mon frère et ami par Jésus-Christ, il est une partie de moi par Saint-Esprit. Je dois donc m'adresser à lui avec respect, sincérité et en permanence.*

**Ta réponse:**

_______________________________________________

_______________________________________________

_____________________________________________.

**Astuce:** Programme une alarme qui sonnera toutes les 3 heures dans ton téléphone pour te rappeler que tu dois parler au Saint-Esprit.

# Chapitre 6

# GRANDIR DANS LA CONNAISSANCE DU CRÉATEUR

*D*ieu nous parle par son Esprit Saint, et cela de plusieurs manières. Il est écrit: "*Dieu parle cependant, tantôt d'une manière, tantôt d'une autre, et l'on n'y prend point garde.*" (Job 33:14).

Dieu peut parler par des songes (rêves), par des visions, par des circonstances ou événements, par une voix audible, par une prophétie – qui est un message inspiré de Dieu donné généralement par un autre enfant de Dieu –, par une pensée qui monte à cœur, etc. Peu importe la manière dont Dieu parle, tout se fait **sur base de la Bible** (notre manuel) et **sous une conviction du Saint-Esprit dans notre cœur.**

## La Bible

Elle est la parole pleinement révélée de Dieu. Elle est l'unité de mesure de tout message "venant de Dieu". Peu importe la voie dont Dieu se sert pour te parler, ce qu'il te dira ne

> **Peu importe la voie dont Dieu se sert pour te parler, ce qu'il te dira ne contredira jamais une parole de la Bible.**

contredira jamais une parole de la Bible. Du reste, la plupart du temps, c'est par le moyen de la Bible directement que Dieu te parlera. Si tu n'as pas de Bible, je t'inviterai à vite t'en procurer et à prendre l'habitude de la lire et de méditer – réfléchir profondément – sur ses paroles quotidiennement. Alors que tu le feras, son auteur lui-même – l'Esprit Saint – qui est en toi, te l'expliquera, t'orientera et l'appliquera à ta vie. Il est écrit: "*...il [l'Esprit de vérité] vous conduira dans toute la vérité...*" (Jean 16:13). La vérité ici fait référence à la Parole de Dieu.

De ce qui précède, il s'avère donc impératif que tu connaisses ta Bible et que tu en fasses la base de ta vie. Dieu dit: " *Aie soin de répéter sans cesse les paroles de ce livre..., médite-les jour et nuit afin d'y obéir et d'appliquer tout ce qui y est écrit, car alors tu auras du succès dans tes entreprises, alors tu réussiras*" (Josué 1:8 BDS).

## La conviction du Saint-Esprit

Peu importe la manière dont Dieu pourra te parler, il confirmera sa parole par la conviction de son Esprit en toi. Ne confirme donc rien comme étant un  message de Dieu tant que tu n'en as pas reçu la conviction de son Esprit. Il est écrit: "*...Tout ce qui n'est pas le produit d'une conviction est péché.*" (Romains 14:23). La voix du Saint-Esprit vient toujours avec *conviction*. Il est dit de lui: "*Et quand il [l'Esprit de vérité] sera venu, il* **convaincra**..." (Jean 16:8).

Pour une étude plus détaillée sur comment Dieu nous parle, je te conseille vivement d'acheter et de lire le livre "*Votre expérience personnelle avec Dieu*" (Titre original en anglais "Experiencing God") écrit par Henry Blackaby et Claude King (A Crossings Book Club Edition).

## Une chose cruciale appelée 'confiance'

Apres avoir entendu Dieu, ton attitude est très déterminante de la qualité de ta relation avec Dieu. Une des attitudes cruciales à développer après l'écoute de Dieu, c'est la confiance.

La confiance est à la base de toute relation solide. Il n'y a pas de relation solide sans confiance. Tu dois apprendre à avoir une confiance absolue en Dieu. C'est cette confiance absolue en Dieu qu'on appelle '*la foi*'.

Tout d'abord, tu dois croire fermement et sans l'ombre d'un doute que Dieu existe, qu'il est une personne réelle, plus réelle même que toi bien qu'étant invisible. Il est écrit: "*Or la foi est une ferme assurance des choses qu'on espère, une démonstration de celles qu'on ne voit pas... Or sans la foi il est impossible de lui être agréable; car il faut que celui qui s'approche de Dieu croie que Dieu existe, et qu'il est le rémunérateur de ceux qui le cherchent.*" (Hébreux 11:1, 6).

Ensuite, tu dois croire que tout ce qu'il te dit est entièrement vrai et digne d'une confiance totale. Tu dois croire que tout ce que Dieu dit est un fondement solide sur lequel tu peux bâtir ta vie. Il est écrit: "*C'est par la foi que nous reconnaissons que le monde a été formé par la parole de Dieu, en sorte que ce qu'on voit n'a pas été fait de choses visibles.*" (Hébreux 11:3).

La preuve de ta confiance ferme et absolue en la parole de Dieu, c'est ton **obéissance** envers celle-ci. La foi est comme le vent. Tu ne vois pas le vent mais tu sais qu'il est là par ses effets: les branches qui bougent, les feuilles qui tombent, la poussière qui se disperse, les objets qui sont déplacés, etc. En fait, le vent ne se définit véritablement que par rapport à ses effets. Il en est ainsi de ta foi envers Dieu. Son effet, c'est l'obéissance. Il est écrit: "*Mes frère, que sert-il à quelqu'un de dire qu'il a la foi, s'il n'a pas les oeuvres? La foi peut-elle le sauver?*

*...Comme le corps sans âme est mort, de même la foi sans les oeuvres est morte.*" (Jacques 2:14, 26).

Arrête toi de lire un instant et faisons ensemble cette prière que les disciples de Jésus lui ont adressée: "*Augmente-nous la foi*" (Luc 17:5).

Ta foi en Dieu grandira au fur et à mesure que tu obéiras à ses plus petites instructions et que tu le verras accomplir tout ce qu'il a promis de faire pour toi, avec toi et par toi.

Le chapitre 11 du livre d'Hébreux est l'un de mes chapitres préférés de notre "Manuel de la créature", la Bible. C'est un véritable hymne à la foi. Il nous donne plusieurs exemples des personnes qui ont eu une confiance remarquable en Dieu et ont donc expérimenté sa réalité d'une manière formidable – c'est le moins qu'on puisse dire. Ce sont les "héros de la foi". Tu aimerais certainement prendre exemple sur eux. Je t'inviterais alors à lire et à méditer sur le chapitre tout entier. Ici, je vais mentionner juste quelques-uns de ces exemples.

*" C'est par la foi que Noé, divinement averti des choses qu'on ne voyait pas encore, et saisi d'une crainte respectueuse, construisit une arche pour sauver sa famille; c'est par elle qu'il condamna le monde, et devint héritier de la justice qui s'obtient par la foi...*

*C'est par la foi que Sara elle-même, malgré son âge avancé, fut rendue capable d'avoir une postérité, parce qu'elle crut à la fidélité de celui qui avait fait la promesse. C'est pourquoi d'un seul homme, déjà usé de corps, naquit une postérité nombreuse comme les étoiles du ciel, comme le sable qui est sur le bord de la mer et qu'on ne peut compter...*

*C'est par la foi qu'Abraham offrit Isaac, lorsqu'il fut mis à l'épreuve, et qu'il offrit son fils unique, lui qui avait reçu les promesses, et à qui il avait été dit: En Isaac sera nommée pour toi une postérité. Il pensait que Dieu est puissant, même pour ressusciter les morts; aussi le recouvra-t-il par une sorte de résurrection...*

*C'est par la foi que Moïse, à sa naissance, fut caché pendant trois mois par ses parents, parce qu'ils virent que l'enfant était beau, et qu'ils ne craignirent pas l'ordre du roi.C'est par la foi que Moïse, devenu grand, refusa d'être appelé fils de la fille de Pharaon, aimant mieux être maltraité avec le peuple de Dieu que d'avoir pour un temps la jouissance du péché, regardant l'opprobre de Christ comme une richesse plus grande que les trésors de l'Égypte, car il avait les yeux fixés sur la rémunération. C'est par la foi qu'il quitta l'Égypte, sans être effrayé de la colère du roi; car il se montra ferme, comme voyant celui qui est invisible...*

*Et que dirai-je encore? Car le temps me manquerait pour parler de Gédéon, de Barak, de Samson, de Jephthé, de David, de Samuel, et des prophètes, qui, par la foi, vainquirent des royaumes, exercèrent la justice, obtinrent des promesses, fermèrent la gueule des lions, éteignirent la puissance du feu, échappèrent au tranchant de l'épée, guérirent de leurs maladies, furent vaillants à la guerre, mirent en fuite des armées étrangères. Des femmes recouvrèrent leurs morts par la résurrection; d'autres furent livrés aux tourments, et n'acceptèrent point de délivrance, afin d'obtenir une meilleure resurrection...*

*Tous ceux-là, à la foi desquels il a été rendu témoignage, n'ont pas obtenu ce qui leur était promis..."* (Hébreux 11:6-7, 11-12, 17-19, 23-27, 32-35, 39)

Devine quoi? Tu peux être le prochain sur la liste. N'est-ce pas merveilleux de pouvoir faire entièrement confiance à Dieu, de lui obéir et de le voir accomplir ses promesses de manière extraordinaire?

## Obéir à Dieu, le meilleur choix de vie

Après avoir entendu Dieu, après avoir cru en sa parole, la prochaine étape s'appelle *'obéissance'*.

L'obéissance à Dieu découle de la confiance qu'on a envers lui et est la manifestation ultime de l'amour qu'on porte à son égard. Tu veux savoir si tu aimes Dieu, regarde combien tu lui obéis. L'obéissance à Dieu est l'unité de mesure de l'amour pour Dieu. La Bible dit: " *[Jésus dit:] « Celui qui a mes commandements et qui les garde, c'est celui qui m'aime; et celui qui m'aime sera aimé de mon Père, je l'aimerai, et je me ferai connaître à lui.»* " (Jean 14:21; crochets ajoutés).

> *L'obéissance à Dieu est l'unité de mesure de l'amour pour Dieu.*

Mais il n'est toujours pas aisé d'obéir à Dieu, n'est-ce pas? Lorsque tu auras du mal à le faire, voici cinq vérités qui t'y aideront.

1. ***Plus tu passes du temps avec Dieu, plus il te sera facile de lui obéir.*** En fait, comme vu ci-haut, l'obéissance à Dieu découle de la confiance en Dieu. Tu ne pourras donc pas obéir à Dieu tant que tu ne lui fais pas confiance ; tu ne pourras pas lui faire confiance tant que tu ne le connais pas ; tu ne pourras pas le connaitre tant que tu ne passes pas du temps avec lui. Tu as du mal à obéir à Dieu? Passe plus de temps avec lui.

2. ***Dieu sait tout.*** Il sait ce que tu ne sais pas, il voit ce que tu ne vois pas. Sa volonté est toujours juste; il ne peut se tromper.

3. ***Dieu ne te conduira jamais à faire quelque chose***

***dont il ne t'a pas rendu capable.*** Le fait qu'il te demande de le faire montre qu'il t'en a déjà donné la capacité.

4. ***Dieu t'aime infiniment.*** Sa volonté est toujours la meilleure chose pour toi.

5. ***Il n'y a rien qui fait plus plaisir à Dieu que l'obéissance.*** Il n'y a rien que Dieu récompense comme l'obéissance. Avec Dieu, lorsque tu connais le prix à gagner, tu n'auras plus peur du prix à payer. Car, en obéissant à Dieu, on gagne toujours infiniment au-delà de ce que l'on pense devoir perdre. Tu veux savoir à quel point Dieu prend plaisir à l'obéissance et la récompense? Lis avec moi ses paroles après un acte d'obéissance d'Abraham.

> ***En obéissant à Dieu, on gagne toujours infiniment au-delà de ce que l'on pense devoir perdre.***

Il dit: "*..Je le jure par moi-même, parole de l'Eternel, puisque tu as fait cela, puisque tu ne m'as pas refusé ton fils, ton unique, je te comblerai de bénédictions, je multiplierai ta descendance et je la rendrai aussi nombreuse que les étoiles du ciel et que les grains de sable au bord de la mer. Ta descendance dominera sur ses ennemis. Tous les peuples de la terre seront bénis à travers ta descendance parce que tu m'as obéi*" (Genèse 22:16-18 BDS).

Lorsque tu vivras une vie d'obéissance à Dieu, tu expérimenteras avec lui l'amour dans toute sa perfection. Et il n'y a rien - absolument rien- qui puisse remplacer cela.

Pour l'avoir expérimenté, je peux t'assurer qu'il n'y a rien de plus merveilleux !

Nous voici au terme de la première partie de notre voyage vers 'Le Plus Grand Secret sur Toi'. Je t'inviterais à te référer à la partie que tu coécris avec moi 'Le Plus Grand Secret sur ...' avant d'aller plus loin.

## Le Plus Grand Secret Sur...

***Joyau à garder:*** *"[Jésus dit:]* « Celui qui a mes commandements et qui les garde, c'est celui qui m'aime; et celui qui m'aime sera aimé de mon Père, je l'aimerai, et je me ferai connaître à lui.» "(Jean 14:21)

***Question à me poser:*** Quelles sont les habitudes que je dois développer pour grandir dans la connaissance de Dieu?

***Ma réponse:*** *Je dois développer l'écoute de Dieu, la confiance et l'obéissance à sa Parole pour mieux le connaitre.*

***Ta réponse:***

__________________________________________________

__________________________________________________

__________________________________________________

__________________________________________________

________________________________________________.

 ## Pièce #1: Ta source

Nous venons de faire le premier pas de notre exploration. L'heure est venue de mettre par écrit la première pièce du puzzle du Plus Grand Secret sur Toi. En quelques lignes, écris ce que tu as découvert sur ton origine et ta source ; *c'est la déclaration de ta source.*

**Mon exemple:** *J'ai été créé par Dieu, de qui j'étais séparé par mes fautes et avec qui j'ai été réconcilié par la mort et la résurrection de Jésus. Dieu étant ma source, je ne saurais subsister loin de lui. Je dois donc conserver une relation intime avec lui par la prière, l'écoute de sa voix, la foi et l'obéissance à sa Parole.*

A ton tour !

___________________________________________

___________________________________________

___________________________________________

___________________________________________

___________________________________________.

# PIECE #2

# POURQUOI ES~TU SUR TERRE?

# Chapitre 7

# A LA DÉCOUVERTE DE TA
# RAISON D'ÊTRE

*D*ieu ne fait rien au hasard. Cela peut être vu dans la constitution de l'Homme qu'il a créé. Les études scientifiques que nous avons vues précédemment nous montrent que chacune des 50000 milliards (nombre approximatif) de cellules de l'Homme a un but et une fonction spécifiques dans l'organisme. Pas une seule cellule ne manque de fonction. Dieu fait tout – absolument tout – pour un but bien déterminé. Le sage dit: " *L'Éternel a tout fait pour un but...*" (Proverbes 16:4). La version "Parole De Vie" le rapporte ainsi: "*Le Seigneur a tout fait dans un but précis...*" (Pas seulement dans un but, mais encore dans un but précis).

C'est donc pour un but précis que Dieu t'a placé sur Terre. C'est ce but qui donne un sens à ta vie. Sans cela, ta vie n'a

> **Ton existence a commencé le jour où tu es né, mais ta vie, elle, ne commence réellement que le jour où tu découvres pourquoi tu es né.**

aucun sens. En fait, sans cela, tu ne vis pas réellement; tu ne fais qu'exister et subsister. Ton existence a commencé le jour où tu es né. Mais ta vie, elle, ne commence réellement que le jour où tu découvres pourquoi tu es né. Mark Twain a dit: "Les deux jours les plus importants de votre vie sont le jour où vous êtes né et le jour où vous découvrirez pourquoi". J'ai une bonne nouvelle pour toi: tu es sur le point de vivre au-delà du fait que tu existes.

Tout d'abord, voyons, d'une manière générale, pour quel but Dieu a placé l'Homme sur Terre. Parcours avec moi des passages phares qui montrent clairement les objectifs que Dieu avait en plaçant l'Homme sur la Terre. Nous allons pour cela retourner à l'origine de toutes choses. Nous considérerons ainsi le premier livre de la création (Genèse) et le premier livre de la recréation de l'homme (Matthieu).

*Puis Dieu dit: Faisons l'homme à notre image, selon notre ressemblance, et qu'il domine sur les poissons de la mer, sur les oiseaux du ciel, sur le bétail, sur toute la terre, et sur tous les reptiles qui rampent sur la terre."* (Genèse 1:26)

*"Puis l'Éternel Dieu planta un jardin en Éden, du côté de l'orient, et il y mit l'homme qu'il avait formé...*

*L'Éternel Dieu prit l'homme, et le plaça dans le jardin d'Éden pour le cultiver et pour le garder."* (Genèse 2:8, 15)

*"Vous êtes le sel de la terre. Mais si le sel perd sa saveur, avec quoi la lui rendra-t-on? Il ne sert plus qu'à être jeté dehors, et foulé aux pieds par les homes...Vous êtes la lumière du monde.*

*Une ville située sur une montagne ne peut être cachée..."* (Matthieu 5:13-14)

*"Allez, faites de toutes les nations des disciples, les baptisant au nom du Père, du Fils et du Saint-Esprit, et enseignez-leur à observer tout ce que je vous ai prescrit. Et voici, je suis avec vous tous les jours, jusqu'à la fin du monde."* (Matthieu 28:19-20)

Les passages du livre de Genèse nous donnent par quelques mots-clés  des indications on ne peut plus précises sur le but pour lequel Dieu a placé l'Homme sur la Terre. Examinons donc ces mots-clés.

-**Dominer**: ce mot dans sa racine hébraïque veut dire: gouverner, régner sur...

-**Cultiver**: dans sa racine hébraïque c'est: travailler, travailler pour un autre, servir un autre par son labeur, servir comme sujets, servir (Dieu),...

-**Garder**: a le sens de: tenir, avoir la charge de, veiller à, protéger, sauver la vie,...

De ces définitions et des passages du livre de Matthieu, nous pouvons déduire que la mission globale de l'Homme sur Terre est de ***GERER la Terre au nom de Dieu en veillant à ce qu'elle soit un lieu plaisant et agréable à vivre pour ses habitants.***

Tu as donc été placé sur Terre pour la **GERER** au nom de Dieu.

Bien **GÉRER** la Terre revient à:

**G**ouverner la Terre

**É**tendre le Royaume de Dieu sur Terre

**R**ésoudre un problème de la Terre

**E**nseigner (inspirer) les habitants de la Terre

**R**éconcilier les hommes à Dieu sur la Terre

## GERER: Gouverner la Terre

Dieu a donné à tout Homme la mission de gouverner la Terre en son nom. *'Dominer'*, *'régner'*, *'diriger'* sont d'autres mots pour *'gouverner'*. Ils renvoient tous à une certaine autorité et un certain degré d'influence. Tout Homme a donc reçu de Dieu de l'*autorité* et de l'*influence* pour gouverner la Terre.

## Autorité

On pourrait alors se poser la question pourquoi tant de personnes vivent sans exercer une quelconque autorité? La réponse est simple. Toute autorité conférée est limitée par un mandat. Aucune personne ne peut exercer son autorité en dehors du mandat que lui donne celui qui lui confère cette autorité. Plusieurs personnes vivent en dehors de leur mandat. Allons plus loin !

Tout mandat est limité *en domaine, en espace et en temps*. Ton autorité se renferme donc dans un domaine, dans une période de temps et dans un espace (lieu géographique) bien définis. Pour illustration, le ministre de l'éducation de la Chine ne peut pas exercer son autorité dans le domaine de la santé, en France et en dehors de la durée de son mandat. De la même manière, tu ne pourras exercer ton autorité sur la Terre qu'en étant dans le domaine d'autorité où Dieu t'a établi pour gouverner en son nom, dans le lieu géographique où il t'a établi et dans le temps qu'il a fixé pour toi. Nous verrons le premier élément dans ce chapitre et les deux autres au chapitre 12.

## Ton domaine d'autorité

Il s'agit du domaine pour lequel tu as rçu des capacités pour exceller. Il y a un domaine précis dans lequel tu es très talentueux. Cela peut être le sport, la musique, les affaires, la politique, l'écriture, la prédication de la Parole de Dieu, la comédie, etc. Mais avoir du talent ne suffit pas. Encore faut-il le découvrir, l'utiliser et le développer jusqu'à y devenir exceptionnel ; car ce n'est pas parce qu'un talent existe en toi, que sans le connaître, tu pourras en jouir.

Le moyen le plus simple pour découvrir ton domaine d'appel est de *poser la question à ton Créateur*. Il t'a créé, il connaît parfaitement les habilités dont il t'a doté. Prends un temps pour le faire. Ensuite, examine quelle est la chose que tu fais *le mieux avec le moins d'efforts*. C'est cela ton don; c'est là ton gouvernorat. Aux chapitres 9 et 10, je reviendrai sur les dons

> *Ce n'est pas parce qu'un talent existe en toi, que sans le connaitre, tu pourras en jouir.*

et t'expliquerai d'autres moyens de découvrir ton domaine d'appel.

Après avoir découvert ton don, la prochaine étape consiste à  l'utiliser pour servir le monde. Ton don ne t'a pas été donné pour toi même. Il t'a été donné pour servir les autres.

La Bible dit: "'*...Mais quiconque veut être grand parmi vous, qu'il soit votre serviteur; et quiconque veut être le premier parmi vous, qu'il soit l'esclave de tous. Car le Fils de l'homme est venu, non pour être servi, mais pour servir et donner sa vie comme la rançon de plusieurs*" (Marc 10:43-45).

Ceux qui se distinguent dans le monde sont ceux qui ont appris à devenir des serviteurs, des esclaves. Comment? Ils se donnent toutes sortes de mal pour développer leur don et offrir au monde leur service à son meilleur niveau. Les grands chantres, par exemple, qui nous servent de très belles chansons sont ceux et celles qui travaillent dur, se lèvent très tôt – pendant que la plupart d'entre nous dorment –, s'imposent toutes sortes de disciplines alimentaires pour nous offrir des chants d'une qualité remarquable. N'est-ce pas là la condition d'un esclave? Il se prive de sommeil, se sacrifie pendant que les personnes pour lesquelles il le fait dorment et vivent aisément. Oui, ceux qui se distinguent dans le monde sont littéralement devenus nos esclaves. Pourtant, nous les considérons comme les "grands" de ce monde. Et nous sommes prêts à débourser une fortune pour les voir, acheter leurs albums, livres, logiciels informatiques, etc. Oui, ils sont "grands" parce qu'ils ont accepté de devenir nos serviteurs et les plus "grands" parce qu'ils ont accepté de devenir "esclaves" de tous.

Veux-tu devenir grand, exceller dans ton domain? Deviens serviteur d'un très grand nombre de personnes avec ton talent. Alors que les autres dorment encore, lève-toi et perfectionne ton talent; alors qu'ils se permettent tout, prive-toi des choses qui nuiraient à ton talent; alors qu'ils passent la majeure partie de leur temps à se détendre, passe la majeure partie de ton temps à exercer ton talent afin de l'offrir à son meilleur niveau au monde. Ainsi, tu deviendras grand et excelleras dans ton domaine. C'est la voie de la grandeur. Et Jésus en est l'exemple parfait.

Jésus avait l'habitude de se lever avant l'aurore pour parler à son Père et préparer le service spirituel qu'il devait rendre au peuple durant la journée. L'impact retentissant de son service à travers les âges est le résultat de sa dévotion. C'est à cela que Dieu t'appelle.

Un autre moyen qui conduit à l'excellence dans un domaine c'est la connaissance. Acquiert donc le maximum de connaissance dans ta spécialité. La connaissance s'acquiert auprès des personnes qui ont de l'expertise en les côtoyant

> *Les leaders sont des lecteurs et les lecteurs deviennent souvent des leaders.*

physiquement et/ou en lisant leurs écrits. Permets-moi de m'attarder un peu sur les écrits.

La lecture est l'un des grands points communs des personnes qui se sont démarquées dans leurs domaines. *Les leaders sont des lecteurs et les lecteurs deviennent souvent des leaders.*

Pour mettre de l'emphase sur l'importance de la lecture, quelqu'un a dit avec un brin d'exagération: "Si ta bibliothèque ne coûte pas plus chère que ta garde-robe, tu n'as pas encore commencé à grandir". Ainsi, investis beaucoup dans l'achat des livres relatifs à ton domaine d'appel

La bible affirme par ailleurs que c'est la voie pour acquérir la sagesse et l'intelligence.

*"Voici le commencement de la sagesse: Acquiers la sagesse, Et avec tout ce que tu possèdes acquiers l'intelligence"* (Proverbes 4:7).

Intelligence = connaissance

Sagesse = application de la connaissance

L'intelligence t'informera mais la sagesse te transformera. Elles te rendront excellent dans ton domaine.

Un deuxième moyen – beaucoup plus classique que le premier – d'acquérir de la connaissance, c'est l'école.

> *L'école n'est pas faite pour te définir mais te raffermir.*

En principe, *l'école n'est pas faite pour te définir mais pour te raffermir.* Malheureusement, plusieurs vont à l'école pour y découvrir leurs appels. Et cela résulte dans beaucoup de mauvais choix d'options, beaucoup d'échecs et de frustration.

Il ne faut pas placer la charrue avant le bœuf. Commence par découvrir ton appel, ensuite choisis une option y correspondante.

Il fut une époque de ma vie où l'école était devenue une véritable corvée. Me lever chaque matin pour y aller s'apparentait à une torture. Et cela, jusqu'à ce que je découvre mon appel et que je me sois orienté dans une option qui lui correspondait. Laisse-moi te suggérer une chose: avant de faire le prochain choix dans l'orientation de ta vie, découvre ta vocation.

De nos jours, pour éviter de tomber dans le chômage, les étudiants basent essentiellement le choix de leurs filières sur les opportunités d'emplois. Conséquence: tout le monde veut faire les mêmes options et nous tendons vers un embouteillage de personnes dans les mêmes professions. Cela fait que les offres d'emplois – dans ces professions – baissent sensiblement augmentant ainsi le taux de chômage. Ainsi, l'on retombe dans la situation qu'on voulait éviter au départ.

Le choix de ta carrière ne doit pas être basé sur un instinct de survie mais sur *le but de ta vie*. Le but de ta vie est plus important que ta carrière

> **Le choix de ta carrière ne doit pas être basé sur un instinct de survie mais sur le but de ta vie.**

professionnelle car en lui se cache la provision financière de Dieu. S'il n'existe pas d'emplois pour ta vocation, c'est un signe qu'un pionnier se cache en toi. Ne compromets donc pas le salaire de Dieu pour  avoir accompli ta mission sur Terre à cause du salaire d'un Homme.

## Influence

Alors que l'autorité est limitée en domaine, espace et temps, l'influence, elle, ne connaît pas de limites. Elle va au-delà des limites de l'autorité. Par exemple, le célèbre footballeur brésilien Neymar Jr a une grande influence dans le monde de la mode aussi. Plusieurs jeunes imitent sa manière de se coiffer, de s'habiller, etc.

Paul a exercé en Europe et en Asie, son autorité d'apôtre, il y a à peu près 2000 ans. Son influence a subsisté jusqu'à nos jours et s'est étendu dans tous les continents.

Ton influence viendra de ton domaine d'autorité mais ira au-delà de celui-ci. Ton influence est comme un arbre qui tire ses racines de ton domaine d'autorité mais dont les branches s'étendent au-delà de l'espace qu'occupe ce dernier. L'excellence dans ta sphère d'autorité t'ouvrira donc les portes d'une influence globale.

Les hommes qui se distinguent dans leurs domaines sont les hommes les plus influents dans le monde. Ils sont considérés comme des modèles et sont imités. C'est en connaissance de ce principe que les grandes marques s'acquièrent leurs services pour attirer de la clientèle.

C'est l'excellence qui conduit à l'influence. Découvre donc ta sphère d'autorité, excelles-y et sers-toi de l'influence qui en découlera pour rendre meilleure la vie des humains sur la Terre. C'est cela bien gouverner la Terre et c'est le premier but pour lequel tu as été créé.

# *Le Plus Grand Secret Sur...*

*Joyau à garder:* "*Puis Dieu dit: Faisons l'homme à notre image, selon notre ressemblance, et qu'il domine...*" (Genèse 1:26a)

*Question à me poser:* Quelle est ma mission générale sur la Terre?

*Ma réponse:* *Ma mission générale sur la Terre est de GERER la Terre au nom de Dieu.*

*Ta réponse:*

_______________________________________________

_______________________________________________

_________________________________________.

# Chapitre 8

# COMPRENDRE TA MISSION GÉNÉRALE SUR TERRE

*D*ieu avait fini de créer son chef-d'œuvre appelé 'Terre'. Il ne la confierait pas quand même à n'importe qui. Il lui fallait quelqu'un de son standing, quelqu'un qui soit de peu inférieur à lui, qui porte son image, qui lui ressemble et qui soit en mesure de gérer ce chef-d'œuvre. Il n'en trouva pas. Il décida alors de le créer. C'est ainsi que tu es venu sur la Terre. Tu as été créé pour GÉRER la Terre.

## GERER: Etendre le Royaume de Dieu sur Terre

Au chapitre précédent, nous avons vu que ta première mission sur la Terre est de la gouverner au nom de Dieu. En d'autres termes, tu es le représentant de Dieu sur la Terre. Tu dois gouverner la Terre, non pas comme tu le veux mais comme Dieu l'entend. C'est ainsi que tu étends son royaume sur la Terre.

En effet, tu fais fonction d'ambassadeur pour Dieu,

comme si Dieu lui-même gouvernait par toi. Ta mission consiste donc à emmener son gouvernement sur la Terre.

Dieu règne parfaitement au ciel – dans le monde invisible. Pour étendre son règne au monde visible, il t'a doté d'un corps physique afin que tu sois son représentant terrestre. C'est pour cette raison qu'il t'a créé à son image, selon sa ressemblance et t'a donné sa nature par Christ.

Pour étendre le Royaume de Dieu sur Terre, cultiver l'image et la nature de Dieu – que tu représentes – est primordial. Ta responsabilité revient donc à développer ce caractère de Dieu – son image et sa nature – afin que le monde le voie par toi.

> *Pour étendre le Royaume de Dieu sur Terre, cultiver l'image et la nature de Dieu est primordial.*

Arrête-toi un moment de lire et considère ces questions: Es-tu un bon représentant de Dieu sur la Terre? Peut-on réellement voir Dieu par toi et en toi? Développes-tu le caractère parfait de Christ? Si 'oui' n'est pas la réponse à toutes ces questions, il serait peut-être temps pour toi de demander au Saint-Esprit de te transformer à l'image de Christ. Pour ce faire, expose-toi quotidiennement à la Parole de Dieu – qui est l'expression même du caractère de Christ –, car on finit toujours par devenir l'image de ce à quoi on est exposé.

*Nous tous qui, le visage découvert, contemplons comme dans un miroir la gloire du Seigneur, nous sommes transformés en la même image, de gloire en gloire, comme par le Seigneur, l'Esprit."* (2 Corinthiens 3:18)

Lorsque nous deviendrons des images visibles du Dieu invisible sur la Terre, celle-ci deviendra l'image visible du cielinvisible; nousvivronsleciel sur la Terre. Cela doit être l'objet de nos désirs et prières. Jésus apprenant ses disciples à prier, leur dit: *"Voici donc comment vous devez prier: Notre Père qui es aux cieux ! Que ton nom soit sanctifié; que ton règne vienne; que ta volonté soit faite sur la terre comme au ciel"* (Matthieu 6:9-10).

> **Lorsque nous deviendrons des images visibles du Dieu invisible sur la Terre, celle-ci deviendra l'image visible du ciel invisible.**

Étendre le royaume de Dieu sur Terre se résume à utiliser l'autorité qu'il t'a donné dans ton domaine d'appel pour influencer la Terre par le caractère de Christ.

## GERER: Résoudre un problème de la Terre

Tu es la solution de Dieu à un problème de la Terre. Il y a sur la terre un problème qui a rendu ta présence nécessaire. Tu es la réponse de Dieu à la prière de plusieurs. Le fait que tu sois né est une indication que tu as quelque chose à délivrer à la Terre. Tu n'es pas là que pour utiliser l'oxygène de la Terre et l'occuper inutilement. Tu as quelque chose à donner, quelque chose que personne d'autres, ne peut donner. Il y a un dépôt spécial de Dieu en toi pour le bien des autres.

Il y a dans le cœur de chaque Homme le besoin de se sentir utile et important. L'as-tu déjà ressenti? Si oui, ne t'en inquiète pas. Ce besoin est normal et légitime. Tu as en effet été créé pour servir à quelque chose d'utile et de particulier. *C'est dans le problème que tu résous sur la Terre que se cache ton utilité*. Tu seras recherché, réclamé, demandé et même payé pour les problèmes que tu résous.

> **Tu es une solution divine emballée d'un corps humain.**

Tu es une solution divine emballée d'un corps humain. Tu as donc la responsabilité de découvrir le problème qui a rendu ta présence sur Terre indispensable et d'y apporter la solution que tu portes au dedans de toi. J'y reviendrai au chapitre 10.

## GERER: Enseigner (inspirer)

*"...enseignez-leur à observer tout ce que je vous ai prescrit. Et voici, je suis avec vous tous les jours, jusqu'à la fin du monde."* (Matthieu 28:19)

Il ne s'agit pas ici de devenir des enseignants de la Parole de Dieu au sens ecclésiastique du terme. Il s'agit d'enseigner par tes discours certes mais surtout par ta manière d'être. C'est enseigner par ta vie.

Comme me l'a fait remarquer une fois mon ami Moïse Muamba, lorsque la Bible dit: "*La nature elle-même ne vous enseigne-t-elle pas ...*"; elle ne suppose bien évidemment pas que la nature parle. Comment enseigne-t-elle alors? C'est par sa façon d'être. Je crois que le plus haut degré de l'enseignement  c'est d'arriver à*enseigner sans dire mot*, c'est enseigner par l'exemple. Les actions ont toujours été plus éloquentes que les discours. Les gens oublieront facilement tes discours mais n'oublieront que très difficilement tes actions.

Je me rappelle encore de ce jour où une amie est venue me dire: "Alan, tu m'as touché, m'as révolté et as révolutionné ma manière d'adorer Dieu pendant le culte!". Je m'attendais alors à ce qu'elle me rappelle une parole de l'un de mes sermons. A ma grande surprise, elle me dit: "Un jour, lors d'un culte, j'ai vu comment tu adorais Dieu sans tenir compte de la mauvaise qualité de la musique alors qu'une grande partie de l'assemblée était préoccupée par celle-ci et ça m'a beaucoup enseigné". Je lui avais enseigné une grande leçon sur l'adoration dans le culte, et cela, sans lui avoir dit un mot.

De même, j'ai entendu beaucoup de sermons sur l'amour du prochain mais je n'ai su ce que ça voulait vraiment dire que lorsque je l'ai vu dans la vie de l'un de mes plus proches, Sam Tshipama. Sa vie est pour moi la plus grande prédication sur l'amour du prochain. Ses actions résonnent dans mon cœur comme les mots les plus éloquents jamais entendus à ce sujet.

Tout Homme est un prédicateur dont la vie et les actions sont la prédication. Mais quel est le thème de la prédication de ta vie? Qu'elle en est le contenu? Qu'est-ce que tu enseignes au monde par ta vie?

> *Tout Homme est un prédicateur dont la vie et les actions sont les prédications.*

Inspire-t-elle les autres à devenir meilleurs? Trois mots résument la vie ou l'enseignement de Jésus et de la Bible: *amour*, *amour* et *amour*.

Jésus dit: "...*Tu aimeras le Seigneur, ton Dieu, de tout ton cœur, de toute ton âme et de toute ta pensée. C'est là le commandement le plus grand et le plus important. Et il y en a un second qui lui est semblable: Tu aimeras ton prochain comme toi-même. Tout ce qu'enseignent la Loi et les prophètes est contenu dans ces deux commandements*" (Matthieu 22:37-40 BDS).

Et Paul dit: "*Car toute la loi est accomplie dans une seule parole, dans celle-ci: Tu aimeras ton prochain comme toi-même*" (Galates 5.14).

Tout l'enseignement de Jésus tourne autour de l'amour – l'amour pour Dieu et pour les hommes. Enseigner aux autres à faire tout ce que Jésus a prescrit, c'est leur enseigner à aimer Dieu et les hommes.

Le monde moderne et la technologie tendent à éradiquer

l'amour de Dieu et celui du prochain au nom de l'évolution. Les choses semblent être faites de sorte à enlever Dieu du système et garder les hommes tellement occupés qu'ils n'ont plus de temps les uns pour les autres.

Le monde ne deviendra pas meilleur avec plus de technologie d'abord. Le monde deviendra meilleur avec plus d'amour. Répands donc l'amour autour de toi. Utilise ta vie pour aimer et enseigner aux autres à aimer. C'est le meilleur usage que tu puisses faire de ta vie et c'est le quatrième but pour lequel Dieu t'a envoyé sur Terre.

## GERER: Réconcilier les Hommes d'avec Dieu

*"Allez, faites de toutes les nations des disciples, les baptisant au nom du Père, du Fils et du Saint-Esprit..."* (Matthieu 28:20)

*"Car Dieu était en Christ, réconciliant le monde avec lui-même, en n'imputant point aux hommes leurs offenses, et il a mis en nous la parole de la réconciliation. Nous faisons donc les fonctions d'ambassadeurs pour Christ, comme si Dieu exhortait par nous; nous vous en supplions au nom de Christ: Soyez réconciliés avec Dieu !"* (2 Corinthiens 5:19-20)

Au chapitre 3, nous avions vu que la séparation de l'Homme d'avec sa source est la source de la longue et grande décadence de l'humanité. En d'autres termes, le vrai problème de l'Homme, c'est sa séparation d'avec son Créateur, Dieu. Mais la Bonne Nouvelle, c'est que Dieu n'a pas abandonné l'Homme à son propre sort. Il a accouru à son secours; il est venu le réconcilier d'avec lui à travers Jésus-Christ. Tout ce que les Hommes ont à faire, c'est de le croire et de faire appel à lui. *"... [Mais] comment donc feront-ils appel à celui en qui ils n'ont pas cru? Et comment croiront-ils en celui dont ils n'ont pas entendu parler? Et comment entendront-ils parler de lui, si personne ne l'annonce? Et comment l'annoncera-t-on, si personne n'est envoyé? Comme il est écrit: Qu'ils sont beaux les pieds de ceux qui annoncent de bonnes nouvelles !"* (Romains 10:14-15 S21 ; *crochets ajoutés*). Dieu t'envoie comme un porteur de bonnes nouvelles.

L'Homme, peu importe ses avoirs et ses accomplissements, est complètement perdu tant qu'il demeure séparé de Dieu.

> **Le plus grand cadeau que tu puisses offrir à un Homme perdu, c'est de lui parler de Jésus; le plus grand crime que tu puisses commettre contre lui, c'est de ne pas le faire.**

Le plus grand cadeau que tu puisses offrir à un Homme perdu, *c'est de lui parler de Jésus*; le plus grand crime que tu puisses commettre contre lui, c'est de ne pas le faire. C'est comme posséder l'antidote d'une maladie mortelle et refuser de le donner à une personne qui en souffre. Ne sois donc pas à ce point criminel.

Réconcilier les Hommes avec lui est la chose qui préoccupe le plus le cœur de Dieu. Il a tellement cette cause à cœur que pour elle, il a quitté son trône, est descendu sur la Terre, a accepté d'être humilié et de mourir aux mains des

Hommes qu'il avait créés. C'était la raison de la vie, de la mort et de la résurrection de Jésus. Oui ! Il l'a à cœur à ce point. C'est la priorité de ses priorités. Et il attend de moi et toi que nous en fassions notre priorité.

Avec tout ce que tu as (ton temps, ton énergie, ton argent, ton influence, etc.), travaille à réconcilier les Hommes d'avec Dieu en leur annonçant la Bonne Nouvelle.

Bien GERER la Terre au nom de Dieu passe obligatoirement par réconcilier les Hommes d'avec Dieu; réconcilier les Hommes d'avec Dieu passe nécessairement par annoncer la Bonne Nouvelle.

## La meilleure façon de vivre

L'amour est la meilleure façon de vivre.

Le verbe *aimer*' s'épelle **S - E - R - V - I - R**. Chacun des cinq objectifs de Dieu pour toi (GERER) te conduit dans un service pour les autres.

Tu n'as pas été créé pour toi même. Tu as été créé pour les autres. Il est question sur cette Terre de beaucoup plus qu'un accomplissement personnel. Il est question d'un apport dans la vie des autres.

Servir les autres est ce qui motivait Jésus. Il dit: *"Car le Fils de l'homme est venu, non pour être servi, mais pour servir et donner sa vie comme la rançon de plusieurs"* (Marc 10:43-45).

C'est le meilleur usage que tu puisses faire de ta vie. A la fin, ton service aux autres est la seule chose qui comptera.

Les gens ne se rappelleront pas toujours de tout ce que tu auras accompli mais se souviendront toujours de ce que tu auras accompli *pour eux.*

La Bible dit: "*Si je parle les langues des hommes, et même celles des anges, mais que je n'ai pas l'amour, je suis un cuivre qui résonne ou une cymbale qui retentit. Si j'ai le don de prophétie, la compréhension de tous les mystères et toute la connaissance, si j'ai même toute la foi jusqu'à transporter des montagnes, mais que je n'ai pas l'amour, je ne suis rien. Et si je distribue tous mes biens aux pauvres, si même je livre mon corps aux flammes, mais que je n'ai pas l'amour, cela ne me sert à rien... Maintenant donc ces trois choses restent: la foi, l'espérance, l'amour; mais la plus grande des trois, c'est l'amour*" (1 Corinthiens 13:1-3, 13 S21).

A la fin, il ne restera que l'amour.

# Le Plus Grand Secret Sur...

**Joyau à garder:** *"...enseignez-leur à observer tout ce que je vous ai prescrit. Et voici, je suis avec vous tous les jours, jusqu'à la fin du monde."*

(Matthieu 28:19)

**Question à me poser:** Quel message ma vie donne-t-elle au monde?

**Ta réponse:**

_______________________________________________

_______________________________________________

_____________________________________________.

 **Pièce #2: Ta mission sur Terre**

Nous venons de faire le deuxième pas de notre exploration. L'heure est venue de mettre par écrit la deuxième pièce du puzzle du Plus Grand Secret sur Toi. En quelques lignes, écris ce que tu as découvert sur ta mission ; *c'est la déclaration de ta mission générale sur Terre.*

**Mon exemple:** *J'ai été envoyé sur Terre pour la GERER: Gouverner, Etendre le Royaume de Dieu, Résoudre un problème, Enseigner (Inspirer) les Hommes, Réconcilier les Hommes d'avec Dieu, au nom de Dieu.*

A ton tour !

_______________________________________________

_______________________________________________.

# PIECE #3

# QU'AS-TU?

# Chapitre 9

# DÉCOUVRIR TON POTENTIEL

*Des* deux chapitres précédents, nous avons vu que La mission globale de l'Homme est de GERER la Terre au nom de Dieu. Chacun d'entre nous est appelé à le faire dans un domaine et d'une manière propres à lui. Et c'est cette particularité qui distingue ta mission de celle des autres. C'est ce que nous allons exploiter dans ce chapitre.

Comme vu au chapitre 2, le meilleur moyen de découvrir la raison d'être d'une invention, c'est d'interroger son créateur. Passer par tout autre moyen, c'est prendre le risque de se tromper ou d'être approximatif. Il en est ainsi pour ta vie.

Je t'inviterais donc à trouver un temps aujourd'hui où tu pourras te retirer (seul), dans un lieu calme, pour interroger Dieu sur la particularité de ta mission sur Terre.

Alors que tu le feras, Dieu te parlera par son Esprit de différentes manières (comme vu au chapitre 5) notamment et essentiellement par notre manuel, la Bible. Il te donnera un passage de la Bible qui parle de toi. Prends soin de le noter.

Il passe aussi par ce que j'appelle '*L'étude des indicateurs de la destinée*'. Cette étude consiste à découvrir pourquoi on a été créé comme on a été créé. En clair, c'est découvrir sa raison d'être par l'étude de ses (sa):

- Dons
- Passions
- Frustrations
- Expériences
- Personnalité

Ces cinq éléments font de toi '*toi*'. Ils révèlent ton unicité et ton originalité – ce que tu es appelé à faire que personne d'autre ne peut faire.

Dieu, ton Créateur, étant le seul à vraiment te connaître de fond en comble, nous ferons cette étude avec lui pour ne pas courir le risque de nous tromper.

Je t'inviterais à y associer aussi celui ou celle que j'appelle '*l'Ami(e) De Destinée*' (ton ADD). C'est la personne qui t'est le plus proche et qui te connaît le mieux. Vous pouvez faire cette étude ensemble et vous poser mutuellement les questions de la partie que nous coécrivons 'Le Plus Grand Secret Sur …'. Les découvertes ont meilleure saveur quand elles sont partagées. Alors tiens bien ma main, celle de ton partenaire et faisons ensemble, sous la conduite du Saint-

Esprit, le troisième grand pas vers la découverte du Plus Grand Secret sur Toi.

## Tes dons, ton appel

Tes dons sont tes talents, tes habilités, tes capacités. Ce sont les choses que tu fais le mieux avec le moins d'effort. Ce sont des domaines dans lesquels tu excelles et te démarques du lot.

Chaque créateur place dans sa création les habilités nécessaires pour accomplir le but pour lequel il la crée. C'est comme ça que la voiture qui est faite pour rouler a, entre autres, des roues; l'oiseau destiné à voler a des ailes et le poisson a des nageoires pour nager. Les habilités d'une création sont toujours fonction de son appel. C'est en cela que tes talents sont un grand indicateur de ta raison d'être.

Tes dons peuvent être "naturels" ou "spirituels" selon que tu les as acquis par ta naissance physique ou spirituelle (quand tu as cru en Jésus). Qu'ils soient "naturels" ou "spirituels", tous tes dons viennent de Dieu. C'est lui qui les a placés en toi à ta naissance physique (talents naturels) ou à ta naissance spirituelle (dons spirituels).

La Bible est remplie d'exemples de personnes possédant des talents "naturels". Au cas où tu aurais besoin de t'identifier à l'une d'entre elles, voici quelques-unes:

- Poètes: David, Salomon

- Ecrivain: Paul

- Penseur: Salomon

- Musiciens: David, Asaph
- Politiciens: David, Joseph, Daniel
- Soldat: David
- Espions: Josué, Caleb
- Sportif: Samson

Il y en a un en particulier qui était pétri de talents. Son nom est Betsaleel.

*"L'Éternel parla à Moïse, et dit: Sache que j'ai choisi Betsaleel, fils d'Uri, fils de Hur, de la tribu de Juda. Je l'ai rempli de l'Esprit de Dieu, de sagesse, d'intelligence, et de savoir pour toutes sortes d'ouvrages, je l'ai rendu capable de faire des inventions, de travailler l'or, l'argent et l'airain, de graver les pierres à enchâsser, de travailler le bois, et d'exécuter toutes sortes d'ouvrages.,Et voici, je lui ai donné pour aide Oholiab, fils d'Ahisamac, de la tribu de Dan. J'ai mis de l'intelligence dans l'esprit de tous ceux qui sont habiles, pour qu'ils fassent tout ce que je t'ai ordonné…"* (Exode 31:1-6)

Et voici maintenant une liste de dons spirituels que nous donne la Bible.

*"En effet, à l'un est donnée par l'Esprit une parole de sagesse; à un autre, une parole de connaissance, selon le même Esprit; à un autre, la foi, par le même Esprit; à un autre, le don des guérisons, par le même Esprit; à un autre, le don d'opérer des miracles; à un autre, la prophétie; à un autre, le discernement des esprits; à un autre, la diversité des langues; à un autre, l'interprétation des langues. Un seul et même Esprit opère toutes*

*ces choses, les distribuant à chacun en particulier comme il veut."* (1 Corinthiens 12:8-11)

Ces listes ne sont pas exhaustives. Il y a beaucoup d'autres dons – mentionnés ou non dans la Bible – que Dieu donne. Le temps me manquerait pour parler des talents pour: la comédie, le cinéma, la coiffure, la prédication de la Parole de Dieu, le journalisme, l'interprétation des écritures bibliques, la peinture, la composition musicale, l'organisation, les affaires (business), le modélisme, l'enseignement, etc.

Je te montrerai, avec l'aide de ton ami(e) de destinée, comment découvrir ton (tes) don(s) dans la partie 'Le Plus Grand Secret Sur ...' que nous écrivons ensemble.

## Parabole des talents

La "Parabole des talents" est certainement l'une des paraboles les plus riches en enseignement sur le sujet des talents. Elle nous enseigne sept grandes vérités sur les talents. Tu aimerais certainement la lire avec moi. Lisons !

*"Il en sera comme d'un homme qui, partant pour un voyage, appela ses serviteurs, et leur remit ses biens. Il donna cinq talents à l'un, deux à l'autre, et un au troisième, à chacun selon sa capacité, et il partit. Aussitôt celui qui avait reçu les cinq talents s'en alla, les fit valoir, et il gagna cinq autres talents. De même, celui qui avait reçu les deux talents en gagna deux autres. Celui qui n'en avait reçu qu'un alla faire un creux dans la terre, et cacha l'argent de son maître. Longtemps après, le maître de ces serviteurs revint, et leur fit rendre compte. Celui qui avait reçu*

*les cinq talents s'approcha, en apportant cinq autres talents, et il dit: Seigneur, tu m'as remis cinq talents; voici, j'en ai gagné cinq autres. Son maître lui dit: C'est bien, bon et fidèle serviteur; tu as été fidèle en peu de chose, je te confierai beaucoup; entre dans la joie de ton maître. Celui qui avait reçu les deux talents s'approcha aussi, et il dit: Seigneur, tu m'as remis deux talents; voici, j'en ai gagné deux autres. Son maître lui dit: C'est bien, bon et fidèle serviteur; tu as été fidèle en peu de chose, je te confierai beaucoup; entre dans la joie de ton maître. Celui qui n'avait reçu qu'un talent s'approcha ensuite, et il dit: Seigneur, je savais que tu es un homme dur, qui moissonnes où tu n'as pas semé, et qui amasses où tu n'as pas vanné; j'ai eu peur, et je suis allé cacher ton talent dans la terre; voici, prends ce qui est à toi. Son maître lui répondit: Serviteur méchant et paresseux, tu savais que je moissonne où je n'ai pas semé, et que j'amasse où je n'ai pas vanné; il te fallait donc remettre mon argent aux banquiers, et, à mon retour, j'aurais retiré ce qui est à moi avec un intérêt. Otez-lui donc le talent, et donnez-le à celui qui a les dix talents. Car on donnera à celui qui a, et il sera dans l'abondance, mais à celui qui n'a pas on ôtera même ce qu'il a. Et le serviteur inutile, jetez-le dans les ténèbres du dehors, où il y aura des pleurs et des grincements de dents."*
(Matthieu 25:14-30)

À nos vérités !

1. **Tout le monde a au moins un talent**. Je m'explique. Au dernier verset, il y a une apparente contradiction. Il est dit: "...

*mais à celui qui n'a pas on ôtera même ce qu'il a...*". Comment ôter quelque chose de quelqu'un qui n'a rien? Impossible ! La Bible veut simplement dire que même de celui qui *pense* ne rien avoir, on ôtera ce qu'il a, parce qu'en réalité tout le monde a au moins un talent. Cela nous conduit directement à la deuxième vérité.

2. ***On ne peut profiter d'un talent dont on ignore l'existence***. D'autre part, tout talent non-utilisé finit presque toujours par s'user. Et avec l'usure, le chemin des poubelles n'est jamais loin – tu risqueras de perdre ce talent. D'où l'extrême nécessité de découvrir ses talents.

Il n'y a que 2 moyens pour découvrir ses talents: *la révélation directe du Créateur* et *l'essai*. L'essai est certainement le moyen le plus fréquent que le Créateur utilise indirectement pour révéler les talents. Les Hommes talentueux que nous connaissons aujourd'hui n'auraient jamais découvert qu'ils avaient un talent pour tel et tel autre domaine s'ils ne s'y étaient pas essayés au moins une fois. De même, si tu as un talent pour la poésie par exemple, tu ne le sauras que lorsque tu essaieras d'écrire un premier poème.

Arrête d'être léthargique, essaie de faire de nouvelles choses, des choses que tu n'as jamais tentées.

L'une des excuses que l'on donne souvent quand il faut faire de nouvelles choses, c'est "Je n'ai jamais fait ça !" Mais cette excuse n'a pas de sens parce qu'*il y a toujours une "première fois" à tout.* Les experts d'aujourd'hui ont tous eu une "première fois" qui les a révélés.

Une autre raison qui empêche la plupart des gens d'essayer, c'est la peur d'échouer. Cela arrive parce que ces personnes se focalisent sur le "et si ça ne marchait pas".

> **Arrête de te focaliser sur le "et si ça ne marchait pas" et commence plutôt à te focaliser sur le "et si ça marchait...".**

Arrête de te focaliser sur le "et si ça ne marchait pas" et commence plutôt à te focaliser sur le *"et si ça marchait...".* Tu n'as rien à perdre à essayer ; bien au contraire, tu as tout à y gagner. Car dans tous les cas, tu gagneras. Tu auras soit un talent de découvert, soit une leçon d'apprise si ça ne marche pas – tu auras appris que tu n'es pas doué dans ce domaine-là, ce qui te permettra de connaître tes limites.

Tu connais certainement Thomas Edison, le célèbre inventeur Américain. Il a notamment inventé l'ampoule électrique, la pile électrique et le phonographe. On raconte souvent que lorsqu'il inventa l'ampoule électrique, un journaliste lui posa la question suivante: "Qu'est-ce que ça vous fait d'avoir échoué 5000 fois avant de finalement réussir à faire fonctionner l'ampoule électrique?" Thomas le fixa du regard et lui répondit: "Non, je n'ai pas échoué. J'ai simplement découvert 5000 façons de ne pas faire fonctionner l'ampoule électrique".

Une raison très répandue qui fait en sorte que les gens n'essayent pas, c'est qu'ils attendent passivement que Dieu leur parle pour leur montrer leurs talents. Ce qui arrive souvent, c'est qu'*alors que tu attends que Dieu te parle pour te mettre en action, Dieu attend que tu te mettes en action pour qu'il te parle.*

Imagine que tu te trouves dans une voiture complètement à l'arrêt et que tu cherches à la diriger en bougeant le volant dans un sens ou un autre. La voiture s'y dirigera-t-elle? Non. Pourquoi? Parce qu'elle est à l'arrêt. Tu ne réussiras à la diriger dans un sens ou un autre que lorsqu'elle se mettra en mouvement. Eh bien, Dieu a la même difficulté avec toi: tu ne bouges pas.

Il a dit à Abram: "*Va, quitte ton pays, ta famille et la maison de ton père pour te rendre dans le pays que je t'indiquerai.*" (Genèse 12:1 BDS)

Pour qu'Abram reçoive la direction de Dieu sur le pays où il devait aller, il devait d'abord s'activer, se mettre en mouvement et quitter le pays de sa famille. Tu veux recevoir de Dieu une direction sur ce que sont tes talents? Arrête d'être passif, active-toi, essaie de nouvelles choses et accepte de faire toutes les tâches que Dieu te confie.

Une autre raison encore qui fait en sorte que les gens n'essayent pas de faire de nouvelles choses, c'est qu'ils croient avoir découvert tous leurs talents ou pensent être trop vieux pour en découvrir un.

La vérité, c'est qu'on n'est jamais trop vieux pour se découvrir et on ne peut avoir découvert tous ses talents tant qu'on n'a pas tout essayé.

Tu as toute la vie pour tester tout un tas de choses. La vie devient ennuyante lorsqu'on fait les mêmes choses encore et encore. Alors, ne t'arrête pas d'essayer de nouvelles choses. Dieu ne te fera découvrir certains de tes talents qu'à des moments *stratégiques* de ta vie où tu en auras vraiment besoin.

Je connais des personnes qui ont découvert plusieurs de leurs talents dans la quarantaine, cinquantaine, soixantaine et même septantaine.

Mais attention ! Quoique tu aies toute la vie pour découvrir tes talents, ton talent dominant, duquel dépend principalement l'accomplissement de ta mission sur Terre, est à découvrir **maintenant**.

3. **Un talent est soit développé, soit perdu.** L'un des reproches qui est fait au serviteur qui n'avait pas fructifié le talent qu'il avait reçu, c'est qu'il était *paresseux*. Nous comprenons par-là que ce qui différencie les autres de lui, c'est leur *travail*. Sept lettres démarquent ceux qui développent leurs dons de ceux qui les perdent: T - R - A - V - A - I - L. C'est en utilisant régulièrement tes talents que tu les développeras. Les exemples qui le démontrent sont légions.

Au niveau du football mondial par exemple, les meilleurs

joueurs se sont distingués des autres grâce à leur passion pour l'entraînement. A l'opposé, le déclin de plusieurs a commencé le jour où leur flamme pour l'entraînement s'est éteinte. Je laisse le plaisir aux passionnés de foot, de trouver des exemples.

Trois autres clés pour développer ses talents sont:

- Premièrement, le travail ;

- Deuxièmement, le travail ;

- Et enfin – le plus important –, le travail.

4. ***Il est possible d'avoir plusieurs talents. Le nombre de talents que l'on  a est fonction de notre capacité à les gérer.*** Tu peux donc accroître le nombre de tes talents en accroissant ta capacité à gérer des talents. Il est dit: "...*Il donna cinq talents à l'un, deux à l'autre, et un au troisième, à chacun selon sa capacité...*"

5. ***Ta fidélité, c'est-à-dire ta capacité à gérer, utiliser et fructifier tes talents peut t'octroyer un lot d'autres talents que tu n'avais pas au départ.*** Il est dit: "...*Otez-lui donc le talent, et donnez-le à celui qui a les dix talents. Car on donnera à celui qui a, et il sera dans l'abondance...*"

6. ***Nous sommes tenus de développer, utiliser et fructifier chaque talent que nous avons.*** Remarque: celui qui  avait 5 talents n'en apporta pas 3, pas 4 mais 5 autres et celui qui en avait reçu 2 n'en apporta pas 1 autre, mais 2 autres. Ils avaient fructifié chacun de leurs talents.

**7. *Recevoir des talents n'est pas qu'un privilège mais aussi une responsabilité.*** "*...Si quelqu'un a beaucoup reçu, on exigera beaucoup de lui; et plus on vous aura confié, plus on demandera de vous.*" (Luc 12:48 BDS)

Dieu a caché ton appel dans tes dons. Il est donc de ta responsabilité de les découvrir, utiliser et développer pour accomplir ta mission sur Terre.

# Le Plus Grand Secret Sur...

**Joyau à garder:** "*...Si quelqu'un a beaucoup reçu, on exigera beaucoup de lui; et plus on vous aura confié, plus on demandera de vous.*" (Luc 12:48 BDS)

**Question à me poser:** Pour découvrir mes talents: Quelles sont les activités pour lesquelles j'ai reçu des compliments d'au moins deux personnes différentes?

**Ta réponse:** ________________________________

_______________________________________________

_____________________________________________.

Etant donné l'importance de l'essai dans la découverte des talents, quelles sont les choses que je compte essayer de faire dans les jours qui viennent?

_______________________________________________

_______________________________________________

_____________________________________________.

Quel est, dans la Bible, le passage qui parle de moi?

_______________________________________________

_____________________________________________.

# Chapitre 10

# COMPRENDRE LES INDICATEURS DE TA SPÉCIFICITÉ

*Personne* d'autre que toi ne peut être 'toi'. Ton unicité révèle l'unicité de ta mission sur Terre. Personne d'autre ne peut accomplir exactement la mission que tu es appelé à accomplir sur Terre. Dans le chapitre précédent nous avons vu le premier des 5 éléments qui font la spécificité de ta mission ; dans celui-ci, nous en verrons 3 autres. Il s'agit de tes:

- Passions
- Frustrations
- Expériences

**Tes passions, ta vocation**

Tes passions sont les activités et les domaines qui provoquent un vif penchant en toi. Ta mission sur Terre se cache aussi dans tes passions, car Dieu ne désire pas que tu ne le serves qu'avec ton esprit, ton corps et ton intellect; il désire que tu le serves aussi avec ton cœur, avec tes émotions bref avec passion.

Il dit: "...*Tu aimeras le Seigneur ton Dieu, **de tout ton cœur**, de toute ton âme, de toute ton énergie et de toute ta pensée...*" (Luc 10:27 BDS).

Toutefois, toutes tes passions ne sont pas une indication de ce à quoi tu as été appelé.

Les passions qui sont liées à ta mission présentent trois caractéristiques principales.

1. **Elles sont saines et pures**. La bible dit: "*Faites donc mourir les membres qui sont sur la terre, l'impudicité, l'impureté, **les passions**, les mauvais désirs, et la cupidité, qui est une idolâtrie*" (Colossiens 3:5). Il s'agit dans ce passage des passions impures ; tu n'as pas été appelé à cela. Les passions liées à ton appel ont la marque du Dieu de ton appel: elles sont pures.

2. **Elles sont appuyées par tes talents**. Les passions qui sont liées à ta mission sur Terre sont celles pour lesquelles tu as aussi reçu des habilités. Sinon, tout le monde deviendrait certainement chanteur – puisque tout le monde semble être passionné par les chansons. J'ai un ami qui est très passionné par la musique. Il adore chanter. Quand il chante malheureusement, on a l'impression d'entendre un crapaud coassant dans une casserole fermée. Moi-même, pour un autre exemple, je suis passionné de foot. Mais sur terrain, c'est à peine si je m'en sors.

Ta mission se trouve à l'intersection de tes passions et talents ; c'est le point de rencontre entre les deux.

La bible dit: "*Car c'est Dieu lui-même qui agit en vous, pour produire à la fois le **vouloir** et le **faire** conformément à son projet plein d'amour*" (Philippiens 2:13 BDS). Le vouloir, c'est la passion et le pouvoir (le faire ou la capacité de faire), c'est le talent. Dieu crée en nous ces deux facultés pour nous permettre d'accomplir son projet, ses plans et son but pour nous.

> **Ta mission se trouve à l'intersection de tes passions et talents.**

3. **Elles visent aussi le bien des autres**. Elles ne sont pas égoïstes.

La bible dit: "*D'où proviennent les conflits et les querelles entre vous? N'est-ce pas des désirs égoïstes qui combattent sans cesse en vous?*" (Jacques 4:1 BDS) et "*Que chacun de vous, au lieu de considérer ses propres intérêts, considère aussi ceux des autres*" (Philippiens 2:4).

Tes frustrations, ta mission J'appelle 'frustrations', les sentiments d'insatisfaction et de colère que l'on ressent face à un ou plusieurs problèmes qui touchent le monde. Ce sont elles qui te poussent à t'écrier " Ça suffit ! Ça doit changer ! Les choses ne doivent pas rester ainsi !". As-tu déjà ressenti cela?

Laisse-moi te donner un exemple de quelqu'un qui l'a déjà ressenti. Il s'appelait Moïse.

Lisons !

*"En ce temps-là, Moïse, devenu grand, se rendit vers ses frères, et fut témoin de leurs pénibles travaux. Il vit un Égyptien qui frappait un Hébreu d'entre ses frères. Il regarda de côté et d'autre, et, voyant qu'il n'y avait personne, il tua l'Égyptien, et le cacha dans le sable."* (Exode 2:11-12)

Peux-tu sentir toute la frustration de Moïse dans sa réaction? Il a été tellement dérangé par la souffrance de ses frères qu'il a violemment réagi envers l'oppresseur. Il a, malheureusement, eu la mauvaise réaction face à sa frustration. Du reste, en lisant les versets qui suivent, tu verras que sa réaction n'a rien changé à la situation. Bien souvent, le problème est que, comme Moïse, nous avons de bonnes frustrations mais *suivies de mauvaises réactions.*

Ce que j'aimerais te faire remarquer ici, c'est que derrière la frustration de Moïse se cachait son appel.

Lis avec moi: *"L'Eternel reprit: — J'ai vu la détresse de mon peuple en Egypte et j'ai entendu les cris que lui font pousser ses oppresseurs. Oui, je sais ce qu'il souffre. C'est pourquoi je suis venu pour le délivrer des Egyptiens, pour le faire sortir d'Egypte et le conduire vers un bon et vaste pays, un pays ruisselant de lait et de miel; c'est celui qu'habitent les Cananéens, les Hittites, les Amoréens, les Phéréziens, les Héviens et les Yebousiens. A présent, les cris des Israélites sont parvenus jusqu'à moi et j'ai vu à que point les Egyptiens les oppriment. Va donc maintenant:*

*je t'envoie vers le pharaon, pour que tu fasses sortir d'Egypte les Israélites, mon peuple"* (Exode 3:7-10 BDS).

Comme  pour Moïse, derrière les frustrations que tu ressens se cache ta mission. Tu es appelé à changer ces problèmes qui te dérangent tant dans le monde. *Le fait que ces problèmes te dérangent tant est le signe que tu en es la solution.* S'il y a encore des nombreux problèmes qui font souffrir un nombre inimaginable de personnes dans le monde aujourd'hui, c'est parce que, d'une part, les personnes détenant les solutions à ces problèmes sont mortes sans les délivrer; et de l'autre, beaucoup n'ont pas encore pris conscience du fait qu'elles sont des solutions. C'est aussi en cela que l'avortement est une pratique condamnable.

En effet, l'avortement prive la Terre des personnes qui sont des potentielles solutions à ses problèmes.

> *Tu es appelé à changer les problèmes qui te dérangent tant dans le monde.*

Imagine un instant que la mère de Moïse l'eût avorté ou pire, imagine un seul instant que Marie eût décidé d'avorter Jésus; elles auraient avorté respectivement la libération du peuple hébreu et le salut de toute l'humanité. Imagine encore les pertes pour l'humanité si les mères de Blaise Pascal, de Nelson Mandela, de Thomas Edison, de Mère Teresa, d'Abraham Lincoln, de Nicolas Tesla, de Martin

Luther King, d'Albert Einstein, etc. les eussent avortés... Oui, imagine le monde sans l'apport de ces personnes.

J'aimerais m'arrêter un moment pour lancer un message plein d'amour à tous ceux et celles qui pratiquent l'avortement.

***Si vous êtes en mesure de pratiquer l'avortement aujourd'hui, c'est parce que vos mères ne l'ont pas fait pour vous.***

Laisse-moi maintenant te mettre dans les conditions et le contexte de ta création me basant sur l'histoire de Moïse.

1. **Dieu a vu un problème particulier qui faisait souffrir des Hommes sur la Terre.**

["*...les Israélites gémissaient et criaient encore sous le poids de l'esclavage, et leur appel parvint jusqu'à Dieu. Dieu entendit leur plainte et se souvint de son alliance avec Abraham, avec Isaac et avec Jacob. Il vit les Israélites et quelle était leur situation.*" (Exode 2:23-25 BDS)]

2. **Il a créé la solution et lui a donné la taille, le teint et la forme que tu as.** Il a décidé qu'elle allait s'appeler ... (mets ton nom).

3. **Ensuite il t'a envoyé sur Terre par la naissance.**

4. **Arrivé sur Terre, tu as vu le problème que tu es venu résoudre et ça t'a frustré.**

["*... (il) fut témoin des pénibles travaux qu'on leur imposait. Il vit un Egyptien qui rouait de coups l'un de ses frères hébreux.*" (Exode 2:11, 23-25 BDS)]

**5. Et enfin, Dieu se révèle à toi à travers les pages de ce livre que tu tiens en main pour te dire: "Va résoudre ce problème, je suis avec toi".**

[*"Va donc maintenant: je t'envoie...pour que tu fasses sortir d'Egypte les Israélites, mon peuple."* (Exode 3:10 BDS)]

Lève-toi donc, arrête de te plaindre et commence à penser à comment résoudre ce problème.

Tous les businessmen du monde connaissent ce principe: chaque problème est une opportunité de business. A ce propos, on raconte souvent l'histoire de deux jeunes étudiants américains qui avaient entrepris d'effectuer un voyage d'exploration dans un pays de l'Asie. Arrivés dans ce pays, dans une ville assez reculée de celui-ci, ils ont trouvé un nombre très élevé de personnes qui étaient tellement pauvres qu'elles n'avaient même pas les moyens de s'acheter des chaussures; elles marchaient donc pied-nus. Le premier s'est longuement plaint de ce problème sans rien faire de plus. Le second, par contre, une fois rentré en Amérique, a contacté une maison de fabrication de chaussures et a fait fabriquer des sandales en plastique à 0.5$ la pièce. Il les a exportées dans cette ville et les y a vendues à 1$ la pièce. Ce business a rencontré un tel succès dans cette ville qu'on raconte que ce jeune homme est aujourd'hui millionnaire. Ils ont tous deux vu le même problème. Mais là où le premier a choisi de se focaliser sur le problème en se plaignant, le second a choisi de se focaliser sur la recherche de la solution en travaillant.

Veux-tu être de ceux qui se plaignent des problèmes qui les frustrent ou de ceux qui y apportent des solutions? A toi de choisir !

## Tes expériences, ton expérience, ton appel

Tes expériences sont toutes les choses que tu as vécues depuis que tu es né jusqu'à présent. Ces choses peuvent être heureuses tout comme malheureuses. Mais ce qui importe vraiment, ce n'est pas ce que tu as vécu mais *ce que tu en as appris*. En un mot, c'est ce que j'appelle l'expérience. Quand tes expériences seraient l'ensemble des choses que tu as vécues, ton expérience résumera toujours, pour sa part, *les leçons que tu as apprises de ces choses.*

Peu importe le nombre et l'intensité des choses que tu as vécues, si tu n'en as rien tiré, cela ne t'aura servi à rien. Il est malheureusement possible d'expérimenter un tas de vies, mais en dépit de cela, rester incapable d'en extraire la vie, l'appris, les leçons... bref, l'expérience. C'est pour cette raison qu'il ne serait pas étonnant de croiser dans notre monde des vieillards aux cheveux blancs inexpérimentés et peu sages.

J'aimerais ici me focaliser sur les expériences négatives, parce qu'en général elles sont meilleurs enseignants. Alors que les expériences négatives se conçoivent, il est inadmissible en revanche de croire à l'existence de "l'expérience négative". *L'expérience est toujours positive.* Elle tire toujours, quel que soit le cas de figure, du bon de tout. Et à ce jeu, Dieu est l'as des as.

Il est écrit: "*Nous savons en outre que Dieu fait concourir toutes choses au bien de ceux qui l'aiment, de ceux qui ont été appelés conformément au plan divin*" (Romains 8:28 BDS). Ce verset veut-t-il dire qu'il ne nous arrivera que de bonnes choses? Certainement pas ! Ce verset veut simplement dire que peu importe ce qui nous arrivera, Dieu l'utilisera pour notre bien. Permets-moi de t'aider à mieux comprendre ce verset. Voici ce que nous appellerons la version "*Alan D.*" de ce verset:

"*Nous savons en outre que Dieu fait en sorte que toutes choses — bonnes ou mauvaises — qui arrivent à ceux qui l'aiment soient pour leur bien, pour le bien de ceux qu'il a appelés selon la mission qu'il a pour eux*" (Romains 8:28, Alan D.).

Entre les mains de Dieu, *tes expériences négatives deviennent des armes de construction massive.* Les grands ministères (services) naissent souvent des plus douloureuses expériences. À ce propos, je connais l'histoire d'une femme qui a survécu un véritable enfer. Son histoire, en 10 phrases ou presque, aura sans doute plus d'une leçon à nous apprendre.  Cette femme fut déflorée à l'aube de sa tendre jeunesse. Et de là à ses 18 ans d'âge, elle demeura l'objet d'abus sexuels, mentaux, émotionnels et verbaux. Quand de surcroît toutes ces horreurs lui furent infligées par personne d'autre que son père, je te laisse imaginer les dégâts derrière de telles expériences. 'Dépression' ne résumerait que très peu les conséquences de ses malheurs. Mais... Jésus est le "mais" de toute cette sombre histoire. Ouf ! Heureusement, n'est-ce pas ? Mais dans ce long cauchemar duquel elle semblait ne plus pouvoir s'échapper, elle a rencontré Jésus. Aujourd'hui, elle est prédicatrice de la Parole de Dieu et son message central enseigne qu'en Jésus, il est possible d'être libéré des douleurs de son passé, peu importe leur gravité. Par son ministère, beaucoup de personnes ont expérimenté la guérison des blessures du passé et la vraie liberté en Christ.

Ne refoule plus tes expériences négatives. Accepte-les comme une partie de ta vie. Donne-les à Dieu. Donne-lui tes expériences douloureuses et il en fera la source d'un grand ministère en faveur des autres. Il est l'alchimiste parfait ; tout ce qu'il touche devient de l'or. Ce refrain d'une chanson populaire, que j'aime beaucoup, l'exprime très bien.

*Seigneur je t'offre ma vie ;*
*Je t'offre tous les problèmes par lesquels je suis passé ;*
*Utilise-les pour ta gloire.*

Derrière tes expériences se cache ton appel.

# Le Plus Grand Secret Sur...

## Questions à me poser:

Lesquels de mes talents cités au chapitre 9 sont aussi mes passions ?

_______________________________________________

_______________________________________________.

Quels sont les points de rencontre entre mes passions et talents?

_______________________________________________

_______________________________________________.

Quelle est ma plus grande frustration?

_______________________________________________

_______________________________________________.

Quelle est ma plus douloureuse expérience? Qu'en ai-je appris qui pourrait aider les autres personnes traversant la même situation?

_______________________________________________

_______________________________________________

_______________________________________________.

 ## Pièce #3: Ta mission spécifique

Nous venons de faire le troisième pas vers la découverte du Plus Grand Secret sur Toi. Faisons le même exercice qu'aux deux parties précédentes.

**Mon exemple:** *Mes dons pour lesquels je suis aussi passionné sont l'enseignement et la prédication de la Parole de Dieu, l'écriture, l'art oratoire, l'administration des conseils au niveau personnel et corporatif. Ma plus grande frustration est la crise de leadership dans le monde. Ces éléments sont des indicateurs de ma mission spécifique sur la Terre.*

A ton tour !

_______________________________________________

_______________________________________________

_______________________________________________

_______________________________________________

_______________________________________________

_______________________________________________.

# PIECE #4

## QUI ES-TU

# Chapitre 11

# DÉCOUVRIR ET COMPRENDRE TA PARTICULARITÉ

*Ta personnalité* fait ta particularité. La personnalité est définie comme l'ensemble de traits physiques et moraux qui font l'unicité d'une personne. Même de vrais jumeaux, identiques dans leurs apparences, restent malgré tout, très distincts quant à leurs personnalités.

Il n'y a jamais eu de personnes exactement comme toi et il n'y en aura jamais. Alors que tes talents, tes passions, tes frustrations et tes expériences déterminent ce que tu es appelé à faire dans la vie; ta personnalité, elle, détermine la manière unique dont tu es appelé à le faire. C'est ce qui explique, par exemple, que de deux personnes qui ont une même habilité oratoire avec un message quelque peu similaire, l'une l'exprime de manière bouillante et l'autre de manière plutôt calme.

Des fois, les traits de personnalité, chez certaines personnes, sont considérés comme des talents, des atouts. Ces traits se manifestent souvent chez elles de manière très accentuée. Certaines personnes se sont démarquées en politique par exemple, non pas grâce à un talent spécial, mais plutôt grâce à *un caractère spécial*. Des caractères durs ont plus tard révélé de fins politiciens ; l'instinctivité s'est avéré plus qu'utile entre les mains des personnes engagées dans les affaires. Dans les œuvres sociales et caritatives, la générosité un peu trop prononcée de certains a fait d'eux des êtres incontournables. Mère Teresa en est un fort bel exemple.

Identifier les points forts de sa personnalité s'avère donc être d'une grande importance ; Dieu a caché ta destinée dans l'un d'eux.

D'autre part, il ne faudrait pas non plus négliger ses défauts caractériels. Les identifier nous permet de mieux les tacler et ainsi éviter qu'ils ne nous nuisent. La Bible nous donne des références sur base desquelles nous pouvons raffiner et perfectionner notre caractère. Je les donne dans la partie 'Le plus Grand Secret sur ...'

## Un grand piège: la comparaison aux autres

Un des plus grands pièges liés à la personnalité est la comparaison aux autres. La comparaison aux autres te conduira toujours dans ces deux cas de figure: tu te rends compte que tu es supérieur aux autres et tu tombes dans l'orgueil ou tu te rends compte que tu es inférieur aux autres et tu tombes dans la jalousie. Dans les deux cas, la comparaison aux autres te détruit. Mais j'ai un remède pour toi...

## Un grand remède: la comparaison aux autres...

N'arrête jamais de te comparer aux autres. Fais-le continuellement. Change simplement une chose. *Au lieu de te comparer aux autres personnes, compare-toi* **aux autres 'toi'.** Compare-toi aux personnes que tu étais hier, avant-hier et il y a des années. Et au milieu d'elles, cherche toujours à être le meilleur.

> *Au lieu de te comparer aux autres personnes, compare-toi aux autres 'toi'.*

## Plus que...

Par ailleurs, aime-toi, accepte-toi et apprécie-toi. Ne cherche pas à devenir quelqu'un d'autre. Sinon, tu priverais le monde du privilège de connaître la merveilleuse personne que tu es.

Il y a peut-être des gens qui ne t'admirent pas, mais quelque part, il y en a bien quelques-uns qui le font ou le feront. Sur eux, focalise-toi.

Tu es plus sombre de teint que ceux qui sont plus clairs que toi, plus clair de teint que ceux qui sont plus sombres que toi; plus élancé que ceux qui sont plus courts de taille que toi, plus court de taille que ceux qui sont plus élancés que toi; plus calme que ceux qui sont plus bouillants que toi, plus bouillant que ceux qui sont plus calmes que toi; plus gras que ceux qui sont plus minces que toi et plus mince que ceux qui sont plus gras que toi, etc. Au final, chacun est "plus ... que" l'autre selon l'angle de vue, et personne n'est vraiment meilleur que l'autre. Toutes les personnalités sont belles et magnifient la diversité qui fait la beauté du monde et de l'humanité.

## Une personnalité, un but

La forme d'un objet n'est jamais aléatoire. Sa forme est toujours fonction de son but. Exemple: les caméras cachées qui, pour des raisons sécuritaires, prennent secrètement des images dans des boutiques, banques et autres, ont très petite taille. Leur but – surveiller ces milieux dans lesquels elles ont été installées – l'oblige. Leur but a dicté leur taille. Supposons maintenant que par complexe ou que sais-je, ces caméras décident qu'elles veulent ressembler aux grandes caméras hollywoodiennes qu'on utilise pour le tournage des films. Leur complexe, ou je ne sais quoi, pénaliserait la sécurité des millions d'entreprises et par ricochet, pourrait hausser le taux de criminalité et d'impunité dans le monde. Réfléchis-y encore un peu...

En cherchant à être comme quelqu'un d'autre, *tu t'éloignes du but pour lequel tu as été créé, prives le monde de ton apport et pénalises la vie des milliers.* Tu es tel que tu es pour un but. Ta personnalité est fonction de ta mission sur Terre.

Le Psaume 139 est un merveilleux psaume sur la personnalité. Approprie le toi.

"...Éternel ! tu me sondes et tu me connais, Tu sais quand je m'assieds et quand je me lève, Tu pénètres de loin ma pensée; Tu sais quand je marche et quand je me couche, Et tu pénètres toutes mes voies. Car la parole n'est pas sur ma langue, Que déjà, ô Éternel ! tu la connais entièrement. Tu m'entoures par derrière et par devant, Et tu mets ta main sur moi. Une science aussi merveilleuse est au-dessus de ma portée, Elle est trop élevée pour que je puisse la saisir. Où irais-je loin de ton esprit, Et où fuirais-je loin de ta face? Si je monte aux cieux, tu y es; Si je me couche au séjour des morts, t'y voilà. Si je prends les ailes de l'aurore, Et que j'aille habiter à l'extrémité de la mer, Là aussi ta main me conduira, Et ta droite me saisira. Si je dis: Au moins les ténèbres me couvriront, La nuit devient lumière autour de moi; Même les ténèbres ne sont pas obscures pour toi, La nuit brille comme le jour, Et les ténèbres comme la lumière. C'est toi qui as formé mes reins, Qui m'as tissé dans le sein de ma mère. Je te loue de ce que je suis une créature si merveilleuse. Tes oeuvres sont admirables, Et mon âme le reconnaît bien. Mon corps n'était point caché devant toi, Lorsque j'ai été fait dans un lieu secret, Tissé dans les profondeurs de la terre. Quand je n'étais qu'une masse informe, tes yeux me voyaient; Et sur ton livre étaient tous inscrits Les jours qui m'étaient destinés, Avant qu'aucun d'eux existât. Que tes pensées, ô Dieu, me semblent impénétrables ! Que le nombre en est grand ! Si je les compte, elles sont plus nombreuses que les grains de sable. Je m'éveille, et je suis encore avec toi." (Psaumes 139:1-18)

## *Le Plus Grand Secret Sur...*

**Joyau à garder:** "*Je te loue de ce que je suis une créature si merveilleuse. Tes œuvres sont admirables, Et mon âme le reconnaît bien.*" (Psaumes 139: 14)

**Questions à me poser et à poser à mon ADD:**

Quelle est ma plus grande qualité? Quelles sont mes autres grandes qualités?

_______________________________________________

_______________________________________________

_______________________________________________

_____________________________________________.

Quel est mon plus grand défaut? Quels sont mes autres défauts?

_______________________________________________

_______________________________________________

_______________________________________________

_____________________________________________.

**Exercice pour travailler le caractère (à faire avec son ADD)**

**1. Le test des fruits de l'Esprit**

"*…le fruit de l'Esprit, c'est **l'amour, la joie, la paix, la patience, la bonté, la bénignité, la fidélité, la douceur, la tempérance…***" (Galates 5:22)

- Combien ai-je sur 9 en termes de fruits de l'Esprit?

_______________________________________________

- Les fruits de l'Esprit sur lesquels je dois travailler sont:

_______________________________________________

**2. Le test des caractéristiques de l'amour**

"*L'amour est patient, il est plein de bonté, l'amour. Il n'est pas envieux, il ne cherche pas à se faire valoir, il ne s'enfle pas d'orgueil. Il ne fait rien d'inconvenant. Il ne cherche pas son propre intérêt, il ne s'aigrit pas contre les autres, il ne trame pas le mal. L'injustice l'attriste, la vérité le réjouit. En toute occasion, il pardonne, il fait confiance, il espère, il persévère.* " (1 Corinthiens 13:4-8 BDS)

Remplace le mot amour par ton nom et compte le nombre de caractéristiques que tu as? Travaille avec l'aide de ton ADD sur celles que tu manques.

 **Pièce #4: Ta particularité**

Nous venons de faire le quatrième pas vers la découverte du Plus Grand Secret sur Toi. Ecris en quelques lignes ton(tes) trait(s) dominant(s).

**Mon exemple:** *Je suis calme et doux de nature.*

 A ton tour !

_______________________________________________

_______________________________________________

_______________________________________________

_______________________________________________

_____________________________________________.

# PIECE #5

# COMMENT ATTEINDRE TON BUT SUR TERRE?

# Chapitre 12

# ATTEINDRE TON BUT

À travers les précédents chapitres, nous avons vu que Dieu nous a tous créés pour un but précis. Alors qu'il nous est crucial de découvrir et connaître ce but, il nous est encore plus crucial de savoir quoi faire pour l'atteindre. Il ne suffit pas de connaître son but sur Terre, encore faut-il l'atteindre. La question ici est: *comment* faire pour atteindre son but sur Terre ?

Imagine que tu es dans un lieu A et que tu désires atteindre un lieu B. Tu conviendras avec moi que pour y arriver il (te) faudra:

- visualiser ta destination: ***Vision*** ;

- avoir la volonté d'y arriver: ***Passion*** ;

- connaître le chemin à suivre: ***Direction***;

- planifier ton déplacement: ***Planification*** ;

- te donner les moyens d'y arriver: ***Provision*** ;

- te mettre en action: ***Action*** ;

- pour atteindre ta ***Destination***.

Sept éléments te permettent donc de quitter A pour ta destination B: *la vision, la passion, la direction, la planification, la provision, l'action* et les étapes spécifiques de la *destination*. Ces éléments sont les mêmes qui te permettront d'atteindre ton but sur Terre. Je les appelle les sept "*ions*" de la destinée. Nous en verrons 2 dans ce chapitre et 5 autres dans le chapitre suivant.

## Vision

La vision est la visualisation de ton but sur Terre. Si ton but sur Terre se renferme dans des mots, ta vision elle, se renferme dans des images. De la même manière que les illustrations imagées rendent plus claires les idées, la vision rend plus claire le but. La vision est l'image mentale de la finalité. En d'autres termes, la vision est la capacité de se projeter dans le futur, de se voir accomplissant sa mission sur Terre, puis de rentrer dans le présent et de travailler à l'accomplissement de ce qu'on a vu dans le futur.

La vision est donc la capacité de voir au-delà de ce que les yeux peuvent voir maintenant. Ainsi, la vue se limite au niveau de ce que les yeux voient maintenant mais la vision a la capacité d'explorer le monde illimité de ton imagination, monde des possibilités infinies. *La vue reste donc dans le présent alors que la vision explore le futur.* En fait, le plus grand ennemi de ta vision, c'est ta vue.

Helen Keller, qui a écrit plusieurs livres à succès et créé une fondation pour les handicapés, était aveugle, sourde et presque muette. Cette brillante écrivaine du 19ème siècle n'entendait ni ne voyait. Depuis ses 19 mois d'âge, Helen n'a jamais pu apprécier le monde comme toi et moi. Le lever du soleil n'illuminait pas son monde de mille et une couleurs. Le chant des oiseaux ne berçait pas ses réveils. Aveugle et sourde, sa vie semble avoir été un long cauchemar sans couleur, sans mélodie. Mais sa biographie nous prouve tout le contraire.

> *Le plus grand ennemi de ta vision, c'est ta vue.*

Quarante-sept ans après sa mort, le monde parle toujours d'elle. Pas sans raison! Elle a écrit une douzaine de livres – dont '*Histoire de ma vie*' qui l'a rendu fameuse –, et plusieurs célèbres articles. Elle a décroché  en 1904, à 24 ans, un diplôme d'art au collège Radcliffe, et pour une grande majorité de sa vie adulte, elle fut une grande activiste – défendant la cause des personnes souffrant des mêmes handicaps qu'elle.

On raconte souvent qu'un jour, elle a été interviewée par un journaliste qui lui posa la question: "Qu'est-ce qu'il y a de pire que de passer toute sa vie sans le don de la vue?" Elle prit un papier, y écrivit sa réponse et le montra au journaliste. Il y était écrit: "*C'est d'avoir la vue mais manquer de vision*".

Voyons maintenant quelques avantages liés au fait d'avoir une vision.

**Avoir une vision te donnera de persévérer malgré les épreuves et obstacles.** T'es-t-il déjà arrivé de vouloir suivre un nouveau film avec un ami un peu trop bavard qui, au début du film tue tout le suspense en te racontant la fin du film – parce qu'il l'a déjà suivi, ce film? Moi, oui. Embêtant ! Je suis d'accord avec toi.

Une vraie vision fait la même chose. Elle raconte en bref détail la fin de ton film, de ta vie. Elle te montre comment tout va aboutir. Elle ne se nourrit ni du passé ni des circonstances présentes, mais elle puise des images dans le futur que ton Créateur t'a prédestiné à vivre. Crois-moi, quand le film est grandiose, même avec une idée de la fin, le parcours reste quand même un délice.

J'ai posé une fois à un ami la question de savoir pourquoi il suivait le même film autant de fois, alors qu'il en connaît déjà la fin. Ne se lassait-il pas? Il m'a répondu: " Ce n'est pas la fin qui m'intéresse – je connais la fin certes –, mais... c'est comment les circonstances, les périls, les aventures, les épreuves... conduisent à cette fin qui m'épate... et me pousse à suivre encore et encore le même film... ". La vision ne gâche pas l'aventure; ton Créateur est un metteur en scène divin. Ton film est grandiose. La vision te permet simplement d'avancer même quand tout semble impossible autour de toi. Elle a déjà vu la fin du film et elle sait que les douleurs et les victoires présentes ne sont pas ta fin et ne sont rien comparées à la gloire des dernières secondes.

"... *Parce qu'il **avait en vue** la joie qui lui était réservée, il a enduré la mort sur la croix méprisant la honte attachée à un tel supplice et désormais il siège à la droite du trône de Dieu.* " (Hébreux 12:2 BDS) Jésus, dont on parle dans ce passage, avait une vision de sa fin. À la croix la situation devenait impossible, mais c'est là qu'il dit que tout est accompli. Il voyait d'avance les milliards de personnes qui seraient sauvées.

Joseph, fils de Jacob, connaissait sa fin. Il avait reçu de Dieu une vision pour sa vie. La vision lui a donné la force d'espérer "contre toutes espérances". Malgré le fond du puits et la prison, à aucun moment avons-nous aperçu Joseph trahir son Dieu. Pourquoi? Dieu lui avait montré la fin de son film. Et à la fin, Dieu lui montra que tout avait concouru à son bien.

**La vision t'aidera à te discipliner.** La Bible dit: "*Quand il n'y a pas de révélation, le peuple ne connaît aucune retenue...*" (Proverbes 29:18 S21). La vision place des freins à ta vie pour t'éviter le désordre, la distraction, la paresse, etc. Elle te rend, par contraste, plus ordonné, concentré, diligent, bref plus discipliné.

**La vision te donnera la force d'aller jusqu'au bout.** Il est écrit: " *Mieux vaut l'aboutissement d'une entreprise que son début...*" (Ecclésiaste 7:8 BDS). Avec une vision d'une fin grandiose en tête, tu ne te contenteras que très difficilement du début ou de la moitié du chemin. Cette vision te donnera des ailes pour voler vers elle. Elle fera de toi un 'jusqu'au-bout-iste'.

## Passion

Pour accomplir la vision de Dieu pour ta vie, elle doit devenir pour toi une passion. Si la voiture a besoin de carburant pour démarrer et avancer, l'Homme a besoin de passion pour courir vers sa destinée. La passion est pour l'humain ce qu'est le carburant pour la voiture. Elle te permettra d'avancer sur le chemin de ta destinée sans t'arrêter. Le chemin qui mène à l'accomplissement de ta vision est inévitablement rempli d'embûches et d'obstacles de tout genre. Ta passion sera ton antidote contre le potentiel découragement.

En parlant de passion, j'ai souvent l'image du mariage et des promesses faites à cette occasion entre un homme et une femme. C'est au travers de ta passion que tu promets à ta vision de l'aimer, la chérir et lui être dévoué jusqu'à ce que la mort vous sépare. Ainsi, *la seule chose qui soit assez forte pour te séparer de ta vision sera la mort.*

La réalisation complète de ta vision dépend en grande partie du degré de ton dévouement, de ta passion pour elle. Lorsque tu découvres ta vision, tu découvres ta raison de vivre. Mais pour l'atteindre, *elle doit devenir pour toi une raison de mourir.* Tu dois en devenir tellement passionné que pour elle, tu es prêt à accepter même la mort. Si tu es prêt à mourir pour ta vision, aucun travail, aucun sacrifice, aucun obstacle ne sera assez grand pour t'arrêter. Tu deviendras inarrêtable. Ce côté incoercible caractérise et a caractérisé les grands hommes de succès. Prenons Paul l'apôtre par exemple. Sa mission était de prêcher l'évangile aux "non-juifs". Lis avec moi la description qu'il donne lui-même de tout ce qu'il a enduré pour atteindre son but.

> *Lorsque tu découvres ta vision, tu découvres ta raison de vivre. Mais pour l'atteindre, elle doit devenir pour toi une raison de mourir.*

*"Cinq fois, j'ai reçu des Juifs les « quarante coups moins un ». Trois fois, j'ai été fouetté, une fois lapidé, j'ai vécu trois naufrages, j'ai passé un jour et une nuit dans la mer. Souvent en voyage, j'ai été en danger au passage des fleuves, en danger dans des régions infestées de brigands, en danger à cause des Juifs, mes compatriotes, en danger à cause des païens, en danger dans les villes, en danger dans les contrées désertes, en danger sur la mer, en danger à cause des faux frères. J'ai connu bien des travaux et des peines, de nombreuses nuits blanches, la faim et la soif, de nombreux jeûnes, le froid et le manque d'habits."* (2 Corinthiens 11:24-27 BDS)

Et tu sais quoi? Après tout ça, il a tout de même continué à prêcher. Ce n'est pas étonnant d'apprendre qu'au soir de sa vie, il était sûr et certain d'avoir fini sa course et atteint son but. C'était un homme déterminé, passionné, que rien ne stoppait...

Ta passion révélera l'amour que tu portes pour celui qui t'as confié la vision – Dieu – et pour ceux envers qui ta vision s'adresse – les Hommes. La vision divine a toujours profité à Dieu et aux Hommes. A ce sujet, on me pose souvent la question de savoir comment reconnaître qu'une vision vient vraiment de Dieu. Bien que je ne connaisse pas toutes les caractéristiques d'une vision venant de Dieu, je suis néanmoins certain d'une chose: celles qui ne profitent qu'à soi-même ne viennent pas de Dieu.

> **Les visions qui ne profitent qu'à soi-même ne viennent pas de Dieu.**

De telles visions doivent subir une *révision*. Une vision venant de Dieu vise toujours ses intérêts et le bien-être des autres en premier lieu.

Jésus, notre Seigneur, n'a vécu aucune seconde de sa vie sur cette Terre pour lui. Chaque instant était semé et investi dans l'intérêt de l'Homme pour le bénéfice de Dieu. Il a tout donné pour cela. À la croix, c'est sa vie qu'il a sacrifié pour que nous soyons sauvés. Sa passion n'a pas épargné sa vie ; tout au contraire, elle semble l'avoir exigée comme prix à payer. La Bible dit: "*Voici comment nous avons connu l'amour: Christ a donné sa vie pour nous; nous aussi, nous devons donner notre vies pour les frères et sœurs*" (1 Jean 3:16).

Martin Luther King est un autre bel exemple. Il avait un rêve, celui de voir tous les Hommes jouir des mêmes droits. Les onze dernières années de sa vie, il avait tenu plus de 2500 discours, avait voyagé plus de 9 millions de kilomètres, avait été arrêté par la police plus de 20 fois, avait été agressé physiquement plus d'une fois et avait reçu plusieurs menaces de mort. Mais aucune de ces épreuves n'a surpassé sa passion pour sa vision. Le 3 avril 1968, il tint un discours au cours duquel il déclara que sa vie importait peu et que la seule chose qui importait vraiment pour lui était d'accomplir la "volonté de Dieu".[8]

Le 4 avril 1968 – soit lendemain de ce discours –, il meurt assassiné au balcon de son motel alors qu'il préparait une marche contre la pauvreté.[9] Quelle passion !

Et toi? Es-tu prêt à mourir pour ta vision? Prends quelques minutes à y réfléchir.

---

8  Wikipédia. Martin Luther King [en ligne]. https://fr.wikipedia.org/wiki/Martin_Luther_King. (16-2-2016)

9  Wikipédia. Martin Luther King [en ligne]. https://fr.wikipedia.org/wiki/Martin_Luther_King. (16-2-2016)

# *Le Plus Grand Secret Sur...*

***Joyau à garder:*** *" Quand il n'y a pas de révélation, le peuple ne connaît aucune retenue..."*  (Proverbes 29:18 S21).

## *Questions à me poser:*

Comment je me vois à la fin de ma vie?

_______________________________________________

_______________________________________________

_______________________________________________.

Comment je résume ma vision en une phrase?

_______________________________________________

_______________________________________________

_______________________________________________.

# Chapitre 13

# COMPRENDRE LES 'IONS' DE TA MISSION

*Il* ne suffit pas de connaitre sa mission sur Terre, encore faut-il l'accomplir. La vision, la passion, la direction, la planification, la provision, l'action et les étapes de la destination sont les 7 "ions" qui amèneront ta mission à sa concrétisation. Nous avons vu les 2 premiers de ces 7 "ions" au chapitre précédent ; nous en verrons les 5 autres dans ce chapitre.

## Direction

S'il est important de connaître sa destination, il est encore plus important de connaître la direction à prendre pour arriver à ladite destination.

Un jour, j'avais un rendez-vous avec des amis pour fêter l'anniversaire de l'un d'entre nous dans un centre commercial de la place. La destination m'avait été donnée mais je ne connaissais pas l'itinéraire à suivre pour y arriver. Ainsi, je me suis retrouvé dans l'incapacité de me mettre en

> *Une vision sans direction conduit à la perdition.*

route au risque d'emprunter un mauvais chemin et de me perdre. L'air de rien, je venais de réaliser une grande leçon de vie: il ne faut pas engager une action pour une destination pour laquelle on n'a pas de direction. Le risque est de se perdre. *Une vision sans direction conduit à la perdition.*

Avant d'engager donc une action vers ta vision, rassure-toi d'en recevoir la direction de Dieu.

La direction de Dieu comprend entre autres, le lieu géographique et les temps de l'exercice de ton autorité sur Terre comme vu au chapitre 7.

## Le lieu géographique

Il s'agit du lieu géographique prévu par Dieu pour ton épanouissement complet. Comme une plante, ton développement dépend aussi du sol où tu es planté. Il y a des milieux qui favoriseront ton éclosion et il y en a aussi d'autres qui la bloqueront. La Bible nous parle d'une ville où Jésus n'avait pas pu accomplir de miracles à cause de l'incrédulité de ses habitants à son égard (Nazareth). Il ne tarda d'ailleurs pas à aller dans une autre ville (Marc 6:1-7). Le problème n'était pas au niveau de Jésus mais de l'environnement, du milieu où il était. Des fois, la clé pour l'éclosion dans ton appel, *c'est le changement de milieu.*

## Les temps et les saisons

S'il est important de recevoir la direction de Dieu sur les choses que tu dois faire, il l'est encore plus d'en recevoir sur les temps et les moments précis où il faut commencer à les faire ; car *une bonne chose peut devenir mauvaise lorsqu'elle n'est pas faite au bon moment.*

Jésus avait une grande notion des temps et des saisons. Une fois, alors qu'on lui demandait d'accomplir une bonne chose, il répondit clairement: "…*Mon temps n'est pas encore venu…*" (Jean 7:6).

Il y a un temps et une saison pour tout. Il y a notamment un temps pour la préparation et un temps pour l'action. *Passer à l'action pendant le moment où on est sensé se préparer pour cette action c'est courir vers le désastre.* Il est donc capital d'être sans cesse à l'écoute de Dieu pour savoir *quand et où il faut faire quoi.*

## Planification

Après la vision, la passion et la direction vient la planification. Le moment de faire une étude prospective est enfin là. Si dans cette course sinueuse qu'est la vie, ta vision est ta ligne d'arrivée, ton plan en est l'itinéraire.

De manière très simple, la planification est le fait de *subdiviser ta grande vision en petites étapes à suivre l'une après l'autre pour arriver à ladite vision.* En d'autres termes, c'est subdiviser ton objectif à long terme (ta vision) en "petits" objectifs à court terme. La réussite n'arrive pas au hasard ;

> **Celui qui ne planifie pas consciemment sa réussite, planifie inconsciemment son échec.**

elle se planifie. Celui qui ne planifie pas consciemment sa réussite, planifie inconsciemment son échec. Si tu veux donc réussir ta mission sur Terre, tu dois t'asseoir, réfléchir et planifier ton avenir. La Bible dit: "*Les projets de l'homme actifs sont tout profit, mais celui qui agit avec précipitation [sans plan] n'arrive qu'à la misère* " (Proverbes 21:5 S21 ; *crochets ajoutés*).

## Provision

La provision est tout ce dont tu as besoin pour la réalisation de ta vision. La provision de Dieu pour accomplir ta vision s'appelle *l'onction*. L'onction est une substance spirituelle et surnaturelle que Dieu t'octroie pour te permettre d'accomplir avec brio ta mission sur Terre. Elle est la capacité de Dieu qui amplifie tes capacités afin de te distinguer sur cette Terre. Elle a distingué Jésus et ses apôtres. Avant de réellement commencer à accomplir sa mission sur Terre, voici ce que Jésus déclare: "*L'Esprit du Seigneur repose sur moi parce qu'il m'a désigné par* **l'onction pour** *annoncer une bonne nouvelle aux pauvres. Il m'a envoyé pour proclamer aux captifs la libération, aux aveugles le recouvrement de la vue, pour apporter la délivrance aux opprimés et proclamer l'année de grâce accordée par le Seigneur*" (Luc 4:18-19 BDS). Et il a de même demandé à ses disciples d'attendre de recevoir l'onction, la puissance du Saint-Esprit avant de commencer à accomplir leur mission. (Actes 1:8)

L'onction t'attirera entre autres l'argent – élément indispensable pour l'accomplissement de ta vision.

## L'argent

Ta vision t'exigera à un moment où un autre d'avoir de l'argent. *L'argent est donc un moyen; il n'est pas une fin.* L'argent est comme ce moyen de transport qui te permet d'arriver à ta destination; il n'est pas ta destination; ta destination, c'est ta vision. J'ai rencontré plusieurs personnes qui m'ont affirmé que le but de leur vie est de devenir millionnaire. Peut-être que c'est aussi ton cas. Je ne voudrais pas ici te décourager dans tes grandes ambitions. Mon souci est de les recadrer. Avoir pour but dans la vie de devenir milliardaire, c'est comme se fixer pour objectif le fait de juste prendre un moyen de transport; ça n'a pas de sens n'est-ce pas? Posséder des milliards ne doit pas être une finalité mais un moyen d'accomplir ta vision. L'argent est fait pour être utilisé afin d'obtenir et d'accomplir d'autres choses; il n'est pas fait pour être juste accumulé. Beaucoup de milliardaires, dans la quête de faire un usage de leur argent se sont lancé dans des œuvres caritatives. Ils se sont rendu compte qu'il y a bien plus que le fait de simplement posséder de l'argent.

L'argent est un bon serviteur mais un mauvais maitre. Si tu te sers de lui pour accomplir tes objectifs, il te bâtira; si tu fais de lui un objectif et le laisse diriger tes actions, il te détruira.

Utilise donc avec sagesse l'argent que Dieu te donne pour accomplir ta vision.

## Action

*L'action est la distance qui sépare ce que tu vois avec ta vue aujourd'hui de ce que tu vois avec ta vision.* Pour accomplir ta vision, il te faudra obligatoirement, à un moment donné, convertir tes intentions en actions ; il faudra que tu passes à l'action, que tu te mettes au travail. Laisse-moi être on peut plus clair: ***si tu ne travailles pas, tu n'atteindras jamais ton but sur Terre***. La bible dit: *"Les projets d'un homme actif sont profitables..."* (Proverbes 21:5 BDS),  mais *"...Le paresseux ne rôtit pas son gibier; Mais le précieux trésor d'un homme, c'est l'activité "* (Proverbes 12:27).

## Destination : Domination

Ta mission sur Terre, ta destination finale est la domination. C'est pour dominer que tu as été créé. Et dominer est une procédure qui se subdivise en 4 petites étapes comme nous le montre clairement le passage de Genèse 1:28: *"Dieu les bénit, et Dieu leur dit: Soyez **féconds**, **multipliez**, **remplissez la terre**, et **l'assujettissez; et dominez** sur les poissons de la* *mer, sur les oiseaux du ciel, et sur tout animal qui se meut sur la Terre"*.

Les 4 étapes vers la domination sont :

1. **Produire** [Soyez féconds (soyez productifs)]

Il s'agit de ce que tu produis, de ce que tu offres au monde, de ce qui fait en sorte que le monde ait besoin de toi, de ce pour quoi le monde est prêt à te payer. Que produis-tu?

2. **Multiplier** [...multipliez]

Il s'agit ici de multiplier ce que tu produis, de le produire en grand nombre. Si tu produis un album musical par exemple, il faut le produire en plusieurs exemplaires (proportionnellement à la demande).

3. **Remplir la Terre** [...remplissez la terre]

Il s'agit ici de remplir la Terre avec ton produit ou service, de le rendre disponible partout sur la Terre, dans toutes les régions, dans tous les continents, dans toutes les sous régions, etc.

4. **Assujettir la Terre** [...l'assujettissez]

L'expansion de ce que tu produis sur la Terre te donnera une influence et une autorité globale. Ainsi, tu pourras te servir de cette autorité et influence pour dominer et donc GERER la Terre.

## Le Plus Grand Secret Sur...

*Joyau à garder:* "*Les projets d'un homme actif sont profitables...*"(Proverbes 21:5 BDS)

*Questions à me poser:* Pour atteindre ma vision, quels sont mes objectifs à court terme? _______________________
_______________________________________________.

Quelles actions concrètes entreprendrai-je dans les jours qui viennent pour me lancer dans ma vision? _______________
_______________________________________________
_______________________________________________.

Que produis-je?

_______________________________________________
_______________________________________________.

 ## Pièce #5: Réalisation de ta mission

Nous venons de faire le cinquième pas vers la découverte du Plus Grand Secret sur Toi. Ecris ta vision en une phrase.

**Mon exemple:** *Ma vision est de ramener le Royaume de Dieu dans la société.*

A ton tour !

______________________________________

______________________________________

______________________________________.

# PIECE #6

AVEC QUI ?

# Chapitre 14

# MAÎTRISER TES CERCLES DE RELATIONS

*A*près avoir créé l'homme et après lui avoir assigné un but pour la Terre, Dieu dit une phrase des plus importantes dans le cadre de sa mission sur la Terre. "*L'Éternel Dieu dit: Il n'est pas bon que l'homme soit seul; je lui ferai une aide semblable à lui.*" (Genèse 2:18)

Tu n'as pas été créé pour vivre seul. C'est la raison pour laquelle tu n'es pas venu sur Terre par une apparition soudaine et indépendante, mais par naissance dans une famille. De la même manière, lorsque tu as cru en Jésus, tu es né de nouveau et baptisé dans le contexte d'une église (famille des enfants de Dieu) de laquelle aussi va dépendre ta croissance spirituelle. Si tu n'as pas d'église, je t'inviterais à t'en trouver une et si tu n'y es plus attaché, je t'inviterais à t'y rattacher.

La Bible dit: "*N'abandonnons pas notre assemblée, comme c'est la coutume de quelques-uns ; mais exhortons-nous réciproquement, et cela d'autant plus que vos voyez s'approcher le jour*" (Hébreux 10:25). Comme pour ta famille physique, tu n'assistes pas qu'à un certain nombre de réunions de ta famille spirituelle (ton église) mais tu *appartiens* à celle-ci. Cela implique que tu dois prendre une part active à la vie de ton église. Sinon, spirituellement tu mourras à petit feu comme un organe qu'on détache du corps auquel il appartient.

Tu as besoin des autres. La vie n'est pas une grande marche solitaire mais une longue marche solidaire. Dans cette marche, les solitaires vont vite alors que les solidaires vont loin. C'est sur cela que nous allons nous attarder.

Il y a différents degrés de relations que tu dois entretenir pour réussir à accomplir ta mission sur Terre. L'exemple parfait d'une personne qui a su très bien le faire, c'est Jésus. Dans sa marche, nous pouvons clairement voir quatre cercles de relations se dessiner. Ce sont:

> **La vie n'est pas une grande marche solitaire mais une longue marche solidaire.**

- la Foule ;
- les 72 disciples ;
- les 12 disciples: ses amis ;
- son plus intime: Jean.

Examinons donc ces différents cercles de relation.

## 1. Le cercle de la foule

C'est l'ensemble de personnes qui bénéficient de

l'accomplissement de ta mission sur Terre, de ton appel, de tes talents, etc. La seule chose qui te lie à ces personnes, c'est ton don et le service que tu leur rends. La foule ne t'aime pas vraiment; elle aime ton don. Il ne faut donc jamais se fier à la foule. La foule qui t'acclame aujourd'hui est la même qui criera demain "crucifiez-le", comme avec Jésus. Tu ne dois donc rien attendre de la foule. Tu ne dois te contenter que de lui rendre le service que tu lui dois par tes dons et talents.

Il est aussi important de connaître envers quel type de personnes ton service doit être rendu. Pour Moise, c'était le peuple d'Israël en captivité; pour Pierre, c'étaient les juifs; pour Paul, les non-juifs; pour Jésus, à son époque, c'étaient les pauvres, les captifs, les aveugles, les opprimés et les gens de mauvaise vie de la nation d'Israël et ensuite cela a eu une portée planétaire. Il n'est donc pas à exclure qu'une personne ait reçu une mission à portée planétaire.

Nous pouvons voir dans la Bible, que lorsque Dieu révèle la mission d'une personne, il prend aussi le soin de préciser le type de personnes à toucher avec cette mission. En voici quelques exemples:

-**Jésus**: *"L'Esprit du Seigneur est sur moi, Parce qu'il m'a oint pour annoncer la Bonne Nouvelle **aux pauvres**; Il m'a envoyé pour guérir ceux qui ont **le cœur brisé**, Pour proclamer **aux captifs** la délivrance, Et **aux aveugles** le recouvrement de la vue, Pour renvoyer libres **les opprimés**, Pour publier une année de grâce du Seigneur."* (Luc 4:18-19)

-**Paul**: " … *Pour porter mon nom **devant les nations, devant les rois, et devant les fils d'Israël.***" (Actes des Apôtres 9:15)

-**Moise**: "*Maintenant, va, je t'enverrai auprès de **Pharaon**. Et tu feras sortir d'**Egypte, mon peuple, les enfants d'Israël.***" (Exode 3:10)

## 2. **Les 72**

Les 72 disciples sont les disciples que Jésus avait envoyés pour aller accomplir la même mission que lui c'est-à-dire: annoncer la Bonne Nouvelle du Royaume de Dieu dans toutes les villes où lui-même devait aller. Ils sont mentionnés dans Luc au chapitre 10. *Ces 72 disciples ne sont pas restés en permanence avec Jésus.*

Les 72 représentent toutes les personnes qui sont associées d'une manière ou d'une autre à ton but. Mais, elles ne sont dans ta vie que pour *une saison et une raison*. Il est donc important de ne pas les garder proche de toi, au-delà de la raison et de la saison pour lesquelles elles sont attachées à ta vie.

## 3. **Les 12 : Une merveilleuse chose : l'amitié**

Les 12 disciples ou apôtres de Jésus partageaient les mêmes idéaux que lui et étaient *en permanence* avec lui. Ils n'étaient pas avec lui pour une saison, ils étaient avec lui *pour la vie*. Ils étaient tellement proches de lui qu'à un moment il leur dit: "*Je ne vous appelle plus serviteurs, parce que le serviteur ne sait pas ce que fait son maître; mais je vous ai appelés amis;*

*parce que je vous ai fait connaître tout ce que j'ai appris de mon Père"* (Jean 15:15).

L'amitié est plus un degré de relations qu'une sorte de relations. C'est le plus haut degré de toute relation. C'est ainsi que même un frère (une sœur), un père (une mère), un époux (une épouse) peuvent devenir des ami(e)s lorsqu'on devient très proche d'eux. J'ai remarqué que les relations dans une famille deviennent beaucoup plus harmonieuses, lorsqu'elles atteignent ce degré d'amitié ; lorsque des frères, des sœurs,  les parents et les enfants, des conjoints deviennent des amis les uns des autres. C'est en ce moment-là que les enfants ont la facilité de se confier à leurs parents; que les enfants entre eux prennent plaisir à vivre ensemble comme de vrais amis; et qu'il n'y a plus de secret entre le mari et sa femme.

> *L'amitié est plus un degré de relation qu'une sorte de relations. C'est le plus haut degré de toute relation.*

Etudions donc cette merveilleuse chose qu'est l'amitié et voyons ensemble quelques principes importants à ce sujet.

1. ***L'amitié est un choix***. Nos amis ne nous sont pas imposés. Nous les choisissons. Jésus a minutieusement choisi chacun de ses 12 amis (disciples). La relation d'amitié ne souffre donc d'aucune forme de contrainte. C'est aussi en cela que réside sa beauté.

**2. *Si l'amitié était une table, ses quatre pieds seraient: la confiance, l'honnêteté, la sincérité et l'ouverture à l'autre*.** Jésus dit à ses amis: "*Je vous appelle mes amis, **parce que je vous ai fait part de tout**...*" (Jean 15:15 BDS).

Les amis sont ouverts entre eux sur tout. L'ami dit à son ami même les choses qui lui seront difficiles à entendre. Il ne lui cache rien ; son cœur est à nu devant lui. Écoute l'ami Jésus ouvrir son cœur à ses amis sur la tristesse de son cœur: " *Alors il [Jésus] leur dit: « Mon cœur est triste jusqu'à la. Restez ici, et veillez avec moi. »* "  (Matthieu 26:38).

L'ami ne joue pas un rôle devant son ami. Il fait tomber tout masque. Il est 'lui' devant son ami. Il ne se retient pas, il se défoule, il se laisse aller à ses plus grandes "folies", mais aussi et surtout il sait reconnaître ses erreurs et faiblesses devant son ami. Car les amis ne sont pas forcément des personnes parfaites mais des personnes vraies.

**3. *Si la confiance est un pilier de l'amitié alors le mensonge est un de ses poisons*.** Il n'y a rien qui puisse tuer une amitié aussi rapidement que le mensonge en parole ou en acte, "petit" ou "grand". Le mensonge détruit la confiance, et sans confiance,  il n'y a pas d'amitié. Ne fais jamais entrer une personne qui te ment dans le cercle de tes amis. Et ne t'hasarde jamais à mentir à celui que tu appelles "ton ami". Dis toujours la vérité à tes amis peu importe ce que cela pourra te coûter. En fait, dans l'amitié, tu n'as que deux possibilités: celle de dire la vérité et celle – par défaut

– de ne rien dire. *Le mensonge n'est jamais une option dans l'amitié.* N'oublie pas: les amis ne sont pas forcément des personnes parfaites mais des personnes vraies.

4. ***L'amitié prend du temps pour se bâtir***. Cela ne se fait pas du jour au lendemain. Il a fallu près de 3 ans à Jésus pour faire de ses disciples ses amis. Ne sois pas pressé de faire entrer une personne dans ton cercle d'amis. Prends le temps de l'observer, l'éprouver, le sonder et le connaître avant de la prendre pour ami.

5. ***Les moments difficiles révèlent souvent les vrais amis***.

6. ***L'amitié, c'est pour toute la vie***.

"*Un ami aime en tout temps...*" (Proverbes 17:17 BDS)

7. ***L'amitié est basée sur l'amour mutuel et réciproque; pas sur des intérêts personnels quelconques***. Elle est basée sur la recherche mutuelle du bonheur et du plaisir de l'autre même au point de s'oublier soi-même.

Le chapitre 13 du Premier livre de 'Corinthiens' nous décrit d'une manière parfaite l'amour parfait. Puisque l'amitié se base sur l'amour, faisons l'exercice de remplacer le mot 'amour' dans ce passage par le mot 'ami' et voyons ce que ça donne !

"*L'ami est patient, il est plein de bonté. Il n'est pas envieux, l'ami ne se vante pas, il ne s'enfle pas d'orgueil. Il ne fait rien de malhonnête, il ne cherche pas son intérêt, il ne s'irrite pas, il ne soupçonne pas le mal. Il ne se réjouit pas de l'injustice, mais il se réjouit de la vérité. L'ami pardonne tout, il croit tout, il espère tout, il supporte tout."* (1 Corinthiens 13:4-7 S21 ; *'amour' remplacé par 'ami'*)

N'est-ce pas une merveilleuse description de ce qu'est un ami, un vrai?

J'imagine qu'en cet instant, tu réalises que tu n'as pas beaucoup d'amis. Tu sais quoi? C'est une bonne nouvelle ! Jésus n'en avait que 12 et lorsqu'un homme qu'il avait délivré d'une légion de démons voulait s'ajouter à ces 12, Jésus le lui refusa clairement.[10] L'amitié est une denrée tellement chère que tu ne peux pas t'offrir le luxe d'en avoir beaucoup. L'amitié exige tellement que tu ne peux pas l'offrir à beaucoup de personnes. Tu as le choix entre entretenir de vraies amitiés avec peu de personnes et entretenir de fausses amitiés avec beaucoup de personnes.

La fusée est un bel exemple de vie. Pour placer un satellite en orbite, la fusée se débarrasse de plusieurs de ses compartiments au fur et à mesure qu'elle monte vers sa destination. Au fur et à mesure que tu avances dans ta destinée, tu dois apprendre à te débarrasser des personnes qui ne cadrent pas ou plus avec ton but.

Comprends bien ceci: tu dois aimer tout le monde mais tu ne dois pas être ami à tout le monde. Tu ne dois pas chercher

> **Tu dois aimer tout le monde mais tu ne dois pas être ami à tout le monde.**

---

10  Marc 5:18-20, Bible

à garder tout le monde près de toi. Tu ne dois aimer certaines personnes que de loin.

La Bible dit: "... *rejetons tout fardeau, et le péché qui nous enveloppe si facilement, et courons avec persévérance dans la carrière qui nous est ouverte*" (Hébreux 12:1). Certaines personnes peuvent être des fardeaux qui peuvent t'empêcher d'aller loin dans la vie. Ne te surcharge pas avec elles. Identifie-les et décharge-t'en.

## 4. **Ton intime**

C'est celui que nous avons appelé au chapitre 9 "L'ami(e) de destinée" (ton ADD). C'est la personne qui t'est le plus proche et qui te connaît le mieux sur Terre. Généralement, pour les célibataires, c'est le (la) meilleur(e) ami(e) et pour les personnes en couple, c'est la personne avec qui elles sont en couple. Elle doit forcément cadrer avec ta vision.

Pour Jésus, c'était sans doute Jean. La Bible l'appelle "le disciple que Jésus aimait"[11]. Il se permettait par exemple, de poser sa tête sur la poitrine de Jésus.[12] Une fois, lorsque les autres disciples voulaient poser une question assez profonde à Jésus, ils sont passés par lui pour le faire.[13] Et lorsque Jésus fut crucifié, quand tous les autres disciples s'étaient dispersés, devine qui était le seul d'entre eux, présent aux pieds de la croix. Jean ![14] Il était tellement proche de Jésus

---

11  Jean 21:20; 21:24

12  Jean 13:23-25

13  Jean 13:24

14  Jean 19:26

que ce dernier l'a considéré comme une partie de lui, un autre 'lui'. Il est écrit: "*En voyant sa mère et, à côté d'elle, le disciple qu'il aimait, Jésus dit à sa mère: – Voici ton fils. Puis il dit au disciple: – Voici ta mère. A partir de ce moment-là, le disciple la prit chez lui.*" (Jean 19:26-27 BDS). Par cela, Jésus disait à Marie: "*Voici un autre 'moi'*". As-tu une personne comme ça? C'est celle-là ton intime.

Sur le chemin de l'accomplissement de ta mission sur Terre, il est crucial d'identifier les différentes personnes aux cercles auxquels elles doivent appartenir. Il est encore plus crucial de se rassurer qu'une personne qui doit rester dans le cercle de la foule n'entre pas dans celui des 72, que celle des 72 n'entre pas dans le cercle des 12, que celle qui doit rester dans les 12 uniquement ne devienne pas l'intime et vice versa.

## Les mentors...

A l'époque de ma vie où je croyais qu'une coupure d'électricité empêcherait les voitures de démarrer, ma mère avait l'habitude, lorsqu'elle cuisinait, de frotter deux couteaux l'un contre l'autre. Des fois, c'était contre un roc qu'elle émoulait la lame de son coteau. Par le plus fort, elle cherchait à affûter le moins fort, le moins coupant, le moins perçant. Aujourd'hui, ce petit souvenir est une leçon de vie pour moi.

Les couteaux forts aiguisent les couteaux moins forts. Et dans nos vies, j'ai réalisé qu'on finit tous par avoir besoin d'un, et des fois même, de plusieurs couteaux forts. Ils nous transmettent le tranchant que nous n'avions pas et qui nous manquait pour entrer dans une autre dimension de notre destinée.

Les couteaux moins forts ont en commun avec les forts un but: tous sont faits pour couper, pour trancher. Seulement, les forts ont coupé et tranché avant les moins forts et ont donc plus d'expertise et d'expérience. Dans ta vie, pour mieux trancher, il faudra à un moment ou un autre te frotter aux plus forts. Ces 'plus forts' sont des personnes portant la même vision que toi, mais qui ont l'avantage des années d'expérience où les connaissances et la sagesse en la matière se sont accru. Les couteaux forts, ce sont les mentors. Mais même quand il serait une pierre, s'il peut t'aiguiser et t'aider à atteindre tes objectifs, c'est ton mentor.

Dans tes cercles relationnels, n'oublie pas d'avoir des couteaux forts, des pierres, des mentors...

## *Le Plus Grand Secret Sur...*

*Joyau à garder:* "*Un ami aime en tout temps...*" (Proverbes 17:17 BDS)

### *Questions à me poser:*

Quels sont mes amis?

__________________________________________

__________________________________________.

Quelles sont les relations que je dois redéfinir?

__________________________________________

__________________________________________.

Quelles sont les personnes que je décide de prendre comme mentors?

__________________________________________

__________________________________________.

Quel est le peuple à qui s'adresse ma mission premièrement?

__________________________________________.

## Pièce #6: Les cercles de relations

Nous venons de faire le sixième pas vers la découverte du Plus Grand Secret sur Toi. Ecris en quelques lignes le peuple à qui s'adresse ta mission premièrement.

**Mon exemple:** *Mon appel a une portée mondiale avec une emphase particulière sur la jeunesse Africaine.*

A ton tour !

_________________________________________

_________________________________________

_________________________________________

_________________________________________

_____________________________________.

# PIECE #7

OU VAS~TU?

# Chapitre 15

# UNE QUESTION DE DESTINATION

*A*u chapitre 3, nous avons vu les 4 grands principes de la création des êtres vivants. T'en souviens-tu?

1. Tout ce à quoi ou à qui Dieu s'est adressé pour créer un être est automatiquement devenu la source de cet être.

2. La source d'un être est aussi son atmosphère de survie hors de laquelle l'être meurt.

3. Pour déplacer un être de sa source, tout en le gardant en vie, il faut obligatoirement le déplacer avec une portion de ladite source.

4. ***La source d'un être est aussi sa destination finale.***

Comme vu au chapitre 3, Dieu est ton Créateur et ta source. Etant ta source, il est donc aussi ta destination finale.

L'homme est fait de deux grandes parties: la partie immatérielle (l'âme et l'esprit) et la partie matérielle ou physique (le corps).

A travers le récit de la création, nous voyons que la partie matérielle de l'Homme a été faite à partir de la poussière du sol. La poussière du sol est donc la source de la partie physique de l'Homme. La poussière du sol étant la source du corps de l'Homme, elle est donc aussi sa destination finale. Voilà pourquoi Dieu dit à l'Homme: "*...jusqu'à ce que tu retournes au sol dont tu as été tiré, car tu es poussière et tu retourneras à la poussière*" (Genèse 3:19 BDS). C'est ainsi qu'à la mort de l'Homme, son corps retourne au sol et finit par s'y assimiler après décomposition.

Mais cela n'est pas le cas de sa partie immatérielle (esprit et âme). Cette dernière tire sa source du Dieu immatériel et spirituel. Dieu étant la source de l'esprit et de l'âme de l'Homme, il en est donc la destination finale. A ta mort, ton corps ira à la terre (au sol), mais *ton esprit et ton âme retourneront à Dieu.*

> **A ta mort, ton corps ira à la terre, mais ton esprit et ton âme retourneront à Dieu.**

Ta vie ne s'arrête donc pas à ici et maintenant. Tout ne prend pas fin à la mort. Tu es destiné à retourner à Dieu après ta mort.

De la même manière que ton existence n'a pas commencé le jour de ta naissance – tu existais dans le ventre de ta mère avant de naitre et d'être rendu visible dans ce monde – de la même manière, ton existence ne s'arrêtera pas à ta mort. Ton esprit et ton âme continueront à vivre après ta mort. Louis Joseph Mabire a dit: "*La vie est un point entre deux éternités*".

En le créant, "... *[Dieu] a implanté au tréfonds de l'être humain le sens de l'éternité*" (Ecclésiaste 3:11 BDS). Ce verset explique pourquoi depuis des siècles, l'Homme a toujours été attiré par l'immortalité, la vie éternelle. Les religions primitives, pour la plupart, enseignaient déjà qu'après la mort la vie continuait. Et d'ailleurs, chez les Égyptiens d'antan, embaumer le mort signifiait préparer l'âme du défunt à voyager vers l'au-delà pour le repos éternel ou une vie dans les royaumes des morts. Dans cette même antiquité encore, les philosophes grecs, ont, eux aussi, examiné ce sujet. L'un d'entre eux est allé jusqu'à croire que philosopher était une façon de se préparer à l'éternité. Cette discussion n'a pas traversé les âges inaperçus. Je ne saurais malheureusement pas reprendre toute l'histoire de ce passionnant sujet ici. Néanmoins, pour finir dans notre époque, nous avons assisté à un déferlement de films et séries à succès traitant de ce sujet.

Par ailleurs, bien que nous la savons naturelle, nous trouvons la mort injuste et contre-nature. Elle nous laisse un goût d'inachevé. Cela prouve davantage que l'Homme a bel et bien été fait pour vivre au-delà de la mort. " Dieu n'a surement pas créé un être comme l'Homme pour n'exister que pour un jour ! Non... l'Homme a été créé pour l'immortalité" disait Abraham Lincoln.

La vie après la mort existe ; mais la qualité de cette vie dépend de la manière dont tu vis maintenant sur Terre. En

> **La vie après la mort existe ; mais la qualité de cette vie dépend de la manière dont tu vis maintenant sur Terre.**

fait, lorsqu'à notre mort, nous retournerons vers le Créateur, ce sera pour lui rendre compte de comment nous aurons vécu ici sur Terre. La Bible dit: "*Ainsi chacun de nous rendra compte à Dieu pour lui-même*" (Romains 14:12 BDS) et aussi "*...Le sort de tout homme est de mourir une seule fois – après quoi il est jugé par Dieu...*" (Hébreux 9:27 BDS).

Dieu jugera notre vie sur Terre sur base de deux questions fermées – auxquelles nous n'aurons la possibilité de répondre que par 'oui' ou 'non'. Considérons-les.

### 1. *As-tu cru en Jésus-Christ comme ton Sauveur et Seigneur?*

Si ta réponse est '**oui**' à cette question, tu jouiras d'une éternité de joie, de bonheur, d'harmonie telle qu'aucun cerveau humain ne peut l'imaginer ou même la décrire.

Dire 'oui' à Jésus, c'est ce que les philosophes, les religions antiques, les écrivains, les films, etc. n'ont pas enseigné. Jésus est la seule porte qui mène à la vie éternelle.

"*Car Dieu a tant aimé le monde qu'il a donné son Fils unique, afin que quiconque croit en lui ne périsse point, mais qu'il ait la vie éternelle.*" (Jean 3:16)

Si ta réponse, par contre, est '**non**', tu passeras ton

éternité dans un lieu décrit comme un lieu de tourments, de pleurs et de grincements de dents, l'enfer.

## 2. *As-tu accompli le but pour lequel Dieu t'a envoyé sur Terre?*

Si ta réponse est '*oui*', tu en seras grandement récompensé. Si ta réponse est '*non*', tu en seras fortement réprimandé et ne recevras aucune récompense.

Te prépares-tu à répondre à ces deux questions?

## Une parenthèse dans l'éternité...

Ta vie sur la Terre n'est qu'une parenthèse dans l'éternité. Le temps que tu passeras sur la Terre, peu importe la durée de ta vie, n'est rien comparé à l'éternité. Mais ce laps de temps a, heureusement ou malheureusement, des répercussions éternelles.

"*Vivre responsable*" doit être le slogan de la vie sur Terre. Pour ce faire, tu devras revoir tes priorités, la gestion de ton temps, arrêter de faire certaines choses pour commencer à en faire d'autres; ne plus vivre une vie centrée sur toi-même et sur les choses temporaires (telles que l'argent, la popularité, le succès selon les Hommes, etc.) pour mener une vie centrée sur Dieu, les autres et les choses éternelles.

Le poète et chantre congolais Franck Mulaja exprime, dans l'une de ses chansons, tellement bien une prière que je t'inviterais à faire avec moi.

Apprends-moi à compter mes jours;
Je suis un pèlerin.
Dans ce monde de tourments;
Je suis un passager.
Un jour je retournerais auprès de mon Créateur
Pour lui rendre compte de ma vie ici-bas.

La vie sur la terre est pareille à l'herbe
Qui, le matin fleurit et le soir se flétrit.
Mes jours ici-bas sont très limités ;
Apprends-moi à mieux les compter pour assurer l'éternité.

Le chemin du calvaire est étroit et périlleux.
Seul je ne pourrais pas arriver jusqu'au bout.
Apprends-moi à porter ma croix comme un vrai disciple,
A vivre pour toi Jésus jusqu'à la fin de mes jours.

# Chapitre 16

# LE PLUS GRAND SECRET SUR TOI

Nous voici au terme de notre voyage d'exploration de soi. Après ta dernière grande trouvaille qui est ta réponse à la septième plus grande question de la vie, le moment est venu de mettre toutes les pièces du puzzle ensemble pour former Le Plus Grand Secret sur Toi.

## Pièce #1: Ta source

Nous avons découvert que nous venons de Dieu ; c'est lui qui nous a créés. Et par Jésus-Christ, tu entretiens désormais trois relations avec les trois personnes en Dieu: *Dieu, le Père est ton père* ; *Jésus-Christ est ton frère* ; *et le Saint-Esprit est ton ami intime.*

Résume en une phrase, la déclaration de ta source faite à la fin de la première partie du livre.

**Mon Exemple**: *Je suis **Alan David Nkoy**, fils de Dieu, frère de Jésus-Christ et ami intime du Saint-Esprit.*

A ton tour….

_____________________________________________

_____________________________________________

_____________________________________________.

## Pièce #2: Ta mission générale sur Terre

Ici, nous avons découvert que Dieu nous a envoyé sur Terre pour *la GERER en son nom en veillant à ce qu'elle soit un lieu plaisant et agréable à vivre pour ses habitants.*

En une phrase, résume la déclaration de ta mission générale écrite à la fin de la deuxième partie du livre.

**Mon exemple**: *J'ai été créé pour GERER la Terre au nom de Dieu.*

A ton tour !

_____________________________________________

_____________________________________________

_____________________________________________.

## Pièce #3: Ton potentiel – Ta mission spécifique

Il s'agit ici de tes *dons*, tes *passions*, tes *frustrations* et tes *expériences*. Nous avons vu que ces 4 éléments déterminent ta fonction *spécifique* dans la mission globale de l'Homme sur la Terre.

Faisons le même exercice que pour les deux points précédents.

**Mon exemple**: *Dieu m'a capacité comme écrivain, orateur, enseignant de la Parole de Dieu, conseiller et leader.*

A ton tour !

_______________________________________________

_______________________________________________

_____________________________________________.

## Pièce #4: Ta personnalité – Ta particularité

Il s'agit ici de ta personnalité qui détermine la *manière unique* dont tu accompliras ta *fonction spécifique*.

**Mon exemple**: *Je suis doux et calme de nature.*

A toi !

_______________________________________________

_______________________________________________

_____________________________________________.

## Pièce #5: La voie vers la réalisation de ta mission sur Terre

Nous avons vu les *7 'ions'* qui t'aideront à accomplir ta mission sur Terre. Nous allons nous focaliser ici sur *la vision* uniquement.

Ecris la déclaration de ta vision en une phrase.

**Mon exemple**: *Ramener le Royaume de Dieu dans la société.*

A toi !

_______________________________________________

_______________________________________________

_____________________________________________.

## Pièce #6: Tes cercles relationnels

Nous avons vu ici les différents cercles de relations que nous devons entretenir. Nous allons nous focaliser ici uniquement sur la *foule*, les autres cercles étant très privés.

**Mon exemple**: *Mon appel a une portée mondiale avec une emphase particulière sur La jeunesse Africaine.*

A toi !

_______________________________________________

_______________________________________________

_____________________________________________.


## Pièce #7: Ta destination finale

Il s'agit ici de là où tu passeras l'éternité.

**Mon exemple**: *Le ciel, dans la communion parfaite avec mon Dieu, est ma destination finale.*

A ton tour !

_______________________________________________

_______________________________________________

_____________________________________________.

Toutes les pièces du puzzle ainsi réunies, mettons-les ensemble pour former la fameuse carte au trésor – Le Plus Grand Secret sur Toi.

Mon exemple: *Je suis **Alan David Nkoy**, fils de Dieu, frère de Jésus-Christ et ami intime du Saint-Esprit. **J'ai été créé pour** GERER la Terre au nom de Dieu **comme** écrivain, orateur, enseignant de la Parole de Dieu, conseiller et leader **avec ma merveilleuse** nature calme, **afin de** ramener le Royaume de Dieu dans la société, **au niveau** de la jeunesse africaine et* *mondiale en général.* **Et** *le Ciel, dans la communion parfaite avec mon Dieu, est ma destination finale.*

Les mots en gras sont des connecteurs que j'ai utilisés pour connecter les pièces de mon puzzle, l'une après l'autre, selon l'ordre de pièces donné ci-haut. Tu peux en faire de même ou suivre le modèle 2.

*Le Plus Grand Secret sur Toi*

___________________________________________

___________________________________________

___________________________________________

___________________________________________

___________________________________________

___________________________________________

___________________________________________

___________________________________________

___________________________________________

___________________________________________

___________________________________________

___________________________________________ .

*Le Plus Grand Secret sur Toi*

*Le Plus Grand Secret sur Toi – Modèle 2*

Mon nom: ________________________________________

Ma relation avec Dieu: ___________________________

_________________________________________________

Ma mission générale:______________________________

_________________________________________________

Ma mission spécifique: ____________________________

_________________________________________________

_________________________________________________

Mon trait dominant: ______________________________

_________________________________________________

Ma vision:________________________________________

_________________________________________________

Ma foule: ________________________________________

_________________________________________________

Ma destination finale:______________________________

_________________________________________________

# NOTE FINALE

Si tu as convenablement écrit 'Le Plus Grand Secret sur toi', Félicitations ! Garde-la jalousement maintenant, ta carte au trésor. Pour jouir pleinement de l'incommensurable trésor caché en toi, laisse cette carte être un guide pour ta vie. Elle est la clé à ton épanouissement, ton accomplissement et ton succès dans la vie. Je t'encouragerais donc à la mémoriser et à la déclarer chaque matin afin qu'elle reste fraiche dans ta tête. Pour ce faire, tu pourrais, par exemple, l'imprimer en grand et l'afficher aux murs de ta chambre.

Ce fut un immense plaisir pour moi de t'accompagner dans cette grande aventure. J'ai pris l'engagement de prier tous les jours pour toi qui as lu ce livre, afin que l'immense investissement de Dieu en toi ne soit pas vain, mais que par la découverte d'une telle richesse, tu deviennes toi-même une richesse pour la Terre.

Pour finir, j'aimerais prendre un rendez-vous avec toi. Le lieu du rendez-vous ? La liste des personnes qui ont changé le monde en accomplissant les desseins de Dieu dans leurs générations ! Je t'y attendrai… A très bientôt !

***"…David, après avoir en son temps servi au dessein de Dieu, est mort…"*** (Actes 13 : 36)

Pour contacter l'auteur ou la Maison d'Edition,
Visitez :

**www.kingdomdnaenterprises.com**